我们这样做生本教育

综合篇

主 编 郭淑珺
副主编 陈小凤 缪 娟
参 编 吴红英 黄智彪

华南理工大学出版社
SOUTH CHINA UNIVERSITY OF TECHNOLOGY PRESS
·广州·

图书在版编目（CIP）数据

我们这样做生本教育.综合篇/郭淑珺主编. —广州:华南理工大学出版社,2017.8（2018.7 重印）

ISBN 978-7-5623-5347-8

Ⅰ.①我… Ⅱ.①郭… Ⅲ.①课程-教学研究-小学 Ⅳ.①G632.0

中国版本图书馆 CIP 数据核字（2017）第 171239 号

Women Zheyang Zuo Shengben Jiaoyu · Zonghepian

我们这样做生本教育·综合篇

郭淑珺　主编

出 版 人：卢家明
出版发行：华南理工大学出版社
　　　　　（广州五山华南理工大学 17 号楼，邮编 510640）
　　　　　http://www.scutpress.com.cn　　E-mail: scutc13@scut.edu.cn
　　　　　营销部电话：020-87113487　87111048（传真）
责任编辑：刘志秋　黄冰莹
印 刷 者：虎彩印艺股份有限公司
开　　本：787mm×960mm　1/16　印张：14.25　字数：280 千
版　　次：2017 年 8 月第 1 版　2018 年 7 月第 2 次印刷
定　　价：43.00 元

版权所有　盗版必究　　印装差错　负责调换

"我们这样做生本教育"编委会

顾　问：郭思乐
主　编：乐理明
编　委（按姓氏笔画）：
　　　刘　迅　许敏妮　麦颖秀　肖灿灿　李晓华　吴双法
　　　吴红英　吴姝俐　何小平　陈小凤　陈天兰　郑海薇
　　　郭淑珺　黄智彪　裴崇武　缪　娟

序

骏景小学的"我们这样做生本教育"系列书就要出版了,主编要我写个序,我是十分乐意的。

在广州市天河区中山大道骏景花园的大门口,你会看到有几匹奔腾骏马的雕塑,气概豪迈,气势雄浑,骏景小学就坐落在这里。学校建校15年,势如奔马,发展极快,与华阳小学、八一实验小学、广外附属小学、珠村小学、龙口西小学等校一起成为闻名遐迩的名校。

骏景小学15年来坚持生本教育,取得了优秀的办学成就。无论是在前任陈武校长还是在现任乐理明校长的领导下,生本教育这"一条红线"贯穿,着力培养人的素养,为孩子进入高一级年段打下了良好的基础,为社会所欢迎。

2016年,在有105 000人参与的广州市中考的前十名中,骏景小学张眼芳老师的班就占了四名,其中含"状元"简玥。这意味着什么?这意味着这些孩子,不仅仅是某一个学科了得,而是全面素养的提升;不仅仅是一个小的群体,而是全体得以提升,形成巨大的优秀群体;不是重复走过去的学业道路,而是形成了一种现代化的,只有现代化城市中心才能出现的一种发展格调,无愧于广州天河,无愧于我们19年来生本教育的坚持。

"状元"简玥会写小说,她写了50万字,有一万多名读者。其同班也有一个同学,三年级就会写小说了,她叫刘郭舜燃,其得益于使用生本教育语文实验教材(人民教育出版社出版),小学一年级时就认识了2000字,开始了大阅读。这孩子的妈妈告诉她,写小说并不难,只要把历史看懂了,用自己的话写出来,就是纪实小说了,像易中天写《品三国》,又像当年明月写《明朝那些事儿》一样。孩子一下子就领会了,写出了《李白传》。2016年她没有参加中考(否则她极有可能高踞前十名),而是选择去美国修习,跟随著名的导演和剧作家赖声川学写剧本。这样的例子不少,令人高兴的就是孩子们在骏景小学普遍茁壮成长、天天向上。

十几年来，骏景小学在语文、数学、英语以及各个学科的改革中都做了许多工作，积极践行生本教育的思想理念，教学水平不断提高。特别可喜的是，和各个生本教育名校一样，骏景小学认真总结工作，老师们有多篇文章刊登在教育部主办的《人民教育》等杂志上，许多教师获得各类奖项，成长为生本教育的指导专家，受到了实践生本教育实验学校师生的欢迎。今天他们总结的各种做法，结集出版成书，很有意义。

生本教育正在前进，未来还会带给我们许多新东西。骏景小学总结的经验，也还需要不断完善，但它带来的很多启发，值得借鉴，对提高生本教育的理解水平和操作水平，有巨大的促进作用。感谢他们！感谢劳苦功高的陈武校长，感谢再接再厉不断前行的乐理明校长和全体师生们！

郭思乐

生本教育创始人，享受国务院特殊津贴专家，原广东省教育科学研究所所长，
华南师范大学教育科学研究所所长，华南师范大学博士生导师、教授
2017 年 7 月

前　言

　　提起骏景小学英语科组、综合科组，一个个生龙活虎、多才多艺的身影，一张张奖状、一座座奖杯就一一浮现在眼前。音乐科组四位都是美女教师，吹、拉、弹、唱、舞，身手不凡，技艺了得，一歌一舞、一弹一唱就引领学生进入无比美妙的音乐世界；美术科组是传播美的信使，让生本美术课堂充满艺术的气息和生命的快乐是他们不懈的追求与理想；体育科组六位教师帅气劲朗，生本理念中"培育根"的教育思想为他们的生本体育课堂注入激情和快乐，既别具一格，又意趣盎然；信息技术、科学、思想品德、综合实践……学科不同，课程的形态不同，但相同的是他们在课程实施中对生本理念的理解和践行。在综合科组生本理念渗透始终的课堂上，既有学科知识的个体先学展示，又有能力提升的小组自主创新，更有情感愉悦的全体合作交流，让人感受到丰盛的生本课堂的魅力和乐趣。综合科教师们营造的轻松愉悦的生本课堂，全方位地培养了学生的想象力、创造力、表现力，充分展示了学生的知识才能和个性特长。他们所教的学生，学习热情高昂，知识见闻渊博，能力超群，自信满满，神采飞扬。他们的课堂，抓住根本，舍弃枝末，是那么的勃发生机、富有活力、充满乐趣。

　　综合科组这支充满活力、践行生本、敢于创新的团队，在学校生本理念指引下，积极、主动、有效地开展各种课程整合实验和体育、艺术、科学、信息技术等综合实践活动，取得了可喜的成绩。指导学生参与各级各类比赛，取得了优异成绩；多人次获市区技能比赛大奖，获国家省市区教练员称号和各级政府、教育局等部门的表彰；多次执教全国生本研习班，举办广州市、天河区公开课、观摩课均获好评。综合科组省市区级课题结题3项，多人次在国家级、省级等刊物发表论文或获奖。如此丰硕的成果，来自综合学科教师们辛勤的汗水，来自他们在课程改革中运用生本理念引领学生学习，指导学生训练。

现将综合科组的生本教学设计、教学案例结集出版。一是对他们多年来教学成果的梳理和肯定，二是希望能对教育同行有所借鉴和启迪。因教师们多在一线教学和实践，案例论文有不当和疏漏之处，恳请批评指正。

　　祝福骏景小学综合科组的教师们，在未来的日子里，在践行生本的道路上，不断满怀着激情，收获着希望，品尝着丰美的果实，向着更高的目标前进！

编者

2017 年 7 月 1 日

目 录

第一部分　英语科组 ·· (1)
　生本英语课程简介 ································· 缪　娟 (3)
　Foods and Drinks ································ 缪　娟 (4)
　Animals ·· 吴海玲 (16)
　Colours ·· 王玉芹 (29)
　Family ··· 庄秀娜 (37)
　Festivals ··· 王雪贞 (51)
　Seasons and Weather ···························· 林惠好 (57)
　Stories ··· 黄智彪 (67)
　Pets ··· 张　瑜 (78)

第二部分　思想品德科组 ·· (85)
　《闻名于世的丝绸之路》说课稿 ·················· 乐理明 (87)
　《秋天的发现》说课稿 ··························· 王莉菡 (95)

第三部分　综合实践科组 ·· (101)
　《关于食品安全调查研究》主题实践活动 ········ 郭淑珺 (103)
　综合实践活动《过年》案例 ······················ 聂红梅 (115)

第四部分　科学科组 ·· (127)
　《我们的身体》教学案例
　　——四年级科学　在体验和模拟中发现人体精密、和谐之美
　　··· 黎　雁 (129)

第五部分　美术科组 ·· (139)
　《改改画家的画》教学设计 ······················ 郭惠花 (141)
　《漂亮的挂盘》教学设计方案 ···················· 梁　湛 (148)
　《小小服装设计师》教学设计 ···················· 田　蜜 (153)

第六部分　音乐科组 ……………………………………………（159）
　　骏景小学生本合唱特色实践探讨 ………………… 吴红英（161）
　　快乐竖笛进课堂 …………………………………… 李晓文（174）
　　立足生本，激活音乐欣赏教学 …………………… 罗　婷（179）

第七部分　体育科组 ……………………………………………（185）
　　跳绳教学实践活动案例 …………………………… 邓小尹（187）
　　体育教学案例——水平二《单脚起跳、双脚落地及游戏》… 何祖仲（193）
　　小学六年级体育课案例分析 ……………………… 黄远东（197）
　　跳绳教学实践活动案例 …………………………… 张　蕴（199）
　　体育教学案例——水平一《一年级立定跳远》 … 钟燕辉（206）

第八部分　信息技术科组 ………………………………………（211）
　　《网络安全你我他》主题实践活动 ………………… 黄锦鹏（213）

第一部分
英语科组

제1장
서론

生本英语课程简介

缪 娟

骏景小学英语科组自 2005 年开展生本英语教学实践以来，老师们个个锐意进取，开拓创新，在生本英语教学的道路上不断探索，逐渐形成了独具特色的我校生本英语课程体系，即以分级阅读为抓手，以"小剧"为载体，以"活动"贯穿始终的实践性英语课程体系，使英语学科具有整体生命的意义。

以分级阅读丰富英语课程内涵。低年段，我们注重的是培养学生的兴趣和语感，以教材为主，辅之以学生喜欢的 phonic 系列绘本，通过听读、认读、朗读，爱上英语，形成良好的语感；中年段，我们以话题为主线，在课前，通过学生收集，老师推荐，设定阅读目标，开展主题阅读。在课堂上，鼓励学生自信满满地带来自己的阅读内容，以不同的形式（图片、绘本、PPT、故事、文段、剧本表演等）与大家进行分享。通过阅读、分享，拓展了学生的词汇量，也让学生更自信；高年段，在学生有了一定的词汇积累基础上，我们开始让学生涉及经典、原著的阅读，真正做到提高学生的英语文学素养。

推进以小剧为中心的实践活动。语言实践活动是语言学习的根本，学生日常运用已学的词汇和积累，还只是琐碎的语言实践，而"剧本表演"的出现，正是集碎片知识于一体，学生们开展自编自导自演的小剧表演活动，形成语篇和场景，丰富了语言学习的内容和形式，极大提升了英语学习的兴趣。同时，让海量的活动涌进课堂，课前三分钟分享、单词游戏、主题演讲、故事阅读、剧本表演等，更有让学生异常兴奋的英语活动周，通过这些精彩纷呈的活动，学生感受英语、实践英语和运用英语，真正培养了综合运用英语的能力。

在这十几年的生本英语教学实践过程中，英语科组接待了来自全国各地的学习团队上百个，上示范课、学习交流成为家常便饭。引进来的同时，科组老师更是大胆地走出去，讲座、上课、听课评课、分享交流等，足迹遍布全国各地。而以主题为依据，出版一本生本英语指引，一直是科组老师的愿望，一是可以将这些年的教学实践进行归纳总结，二是如果可以给刚刚走上生本之路的英语老师们提供少许参考，于大家而言也是一件幸事。由于参与整理的老师均为一线教师，时间和精力都有限，因此整理得还不够丰富与完善，书中不妥之处恳请广大读者批评指正。同时也期待骏景小学英语科组能够整理更多更完善的主题与大家分享交流，以相互促进，共同提高。

Foods and Drinks

缪 娟

Vocabulary

分类	课内（教科版三年级起点 2013）		拓展词汇
foods	rice	Book5M4U8①	buffet 自助餐
	dumpling	Book5M4U8	spaghetti 意大利面条
	noodle	Book5M4U8	sweet dumpling 元宵
	bread	Book5M4U8	egg fried rice 蛋炒饭
	sandwich	Book5M4U8	deep-fried dough sticks 油条
	hamburger	Book5M4U8	French fries 炸薯条
	chips	Book5M4U8	pudding 布丁
	tomato	Book5M4U8	muffin 松饼
	egg	Book5M4U8	cheese cake 酪饼
	soup	Book5M4U8	white bread 白面包
	meat	Book5M4U8	brown bread 黑面包
	vegetable	Book5M4U8	mutton 羊肉
	potato	Book5M4U8	steamed bread 馒头
	chocolate	Book5M4U8	rice noodles 米粉
	pancake	Book5M5U10	fried rice noodles 炒米粉
	dimsum *	Book5M5U10	instinct noodles 速食面
	bun *	Book5M5U10	spring roll 春卷
	salad	Book5M5U10	seaweed 海带
	steak *	Book5M5U10	lobster 龙虾
			roast Beijing duck 北京烤鸭
			cabbage 包心菜，大白菜
			broccoli 花椰菜
			lettuce 生菜
			pumpkin 南瓜
			bitter gourd 苦瓜

---

① Book1：三年级上册，Book2：三年级下册。
Book3：四年级上册，Book4：四年级下册。
Book5：五年级上册，Book6：五年级下册。
Book7：六年级上册，Book8：六年级下册。
M：Module，模块。U：Unit，单元。

续上表

分类	课内（教科版三年级起点2013）		拓展词汇
foods			cucumber 黄瓜 white gourd 冬瓜 needle mushroom 金针菇 eggplant 茄子 lotus root 莲藕
drinks	coffee tea milk coke * juice	Book5M4U7 Book5M4U7 Book5M4U7 Book5M4U7 Book5M4U7	yogurt 酸奶 Sprite 雪碧 fruit juice 水果汁 lemonade 柠檬汁 orangeade 桔子汁 mineral water 矿泉水 soda water 汽水 fresh orange juice 鲜桔子汁 fruit punch 水果酒 beer 啤酒 light beer 淡啤酒 cocktail 鸡尾酒 soybean milk 豆浆
taste	sweet salty fresh sour * cold hot	Book5M5U9 Book5M5U9 Book5M5U9 Book5M5U10 Book5M4U7 Book5M4U7	crisp 香酥的 spicy 麻辣的 bitter 苦的 oily 油腻的 light, mild, soft 清淡的 tasty 美味的
tableware	chopstick bowl plate knife fork bottle cup glass can	Book5M5U10 Book5M5U10 Book5M5U10 Book5M5U10 Book5M5U10 Book5M4U7 Book5M4U7 Book5M4U7 Book5M4U7	napkin 餐巾 table cloth 桌布 tea-pot 茶壶 tea set 茶具 tea tray 茶盘 dish 碟 rice bowl 饭碗 soup spoon 汤匙 mug 马克杯 fruit plate 水果盘 toothpick 牙签

注：*号单词为《义务教育英语课程标准（2011版）》未列出词汇，一般要求"三会"掌握。

Sentences

1. What's for breakfast/lunch/dinner?
2. What do you want to have/drink for breakfast/lunch/dinner?
3. Do you want coffee or tea?
4. Which do you prefer, coke or milk?
5. I prefer…
6. Can I have a cup of tea?
7. Of course, here you are.
8. Chinese and Western food is very different. And the people in China have different tastes, too.

Picture books

外研社分级阅读：

From Curry to Rice
How to Make a Fruit Salad

牛津书：

The Big Breakfast

其他绘本：

Plants on My Plate
Hot and Cold
What's Inside?
Peanuts
Seeds Grow into Plants
Corn
Cooking Dinner
Making Raisins
Ice Cream for You
Popcorn and Candy

Songs

1. I like… (广州版教材《英语口语》第二册 Unit6)

I like noodles, I like tea.
I like mum who cooks for me.
I like noodles, I like tea.
I like mum who cooks for me.
Cooks for me, cooks for me.
I like mum who cooks for me.

I like cookies, I like tea.
I like mum who cooks for me.
I like cookies, I like tea.
I like mum who cooks for me.
Cooks for me, cooks for me.
I like mum who cooks for me.

2. Chicken Fried (歌手：Zack Brown Band)

You know I like my chicken fried
Cold beer on a Friday night
A pair of jeans that fit just right
And the radio up
Well I've seen the sunrise
See the love in my woman's eyes
Feel the touch of a precious child
And know a mother's love
Well I was raised up beneath the shade of a Georgia pine
And that's home you know
Sweet tea pecan pie and homemade wine
Where the peaches grow
And my house it's not much to talk about

But it's filled with love that's grown in southern ground
And a little bit of chicken fried
Cold beer on a Friday night
A pair of jeans that fit just right
And the radio up
Well I've seen the sunrise
See the love in my woman's eyes
Feel the touch of a precious child
And know a mother's love
Well it's funny how it's the little things in life that mean the most
Not where you live or the car you drive or the price tag on your clothes
There's no dollar sign on a piece of mind this I've come to know
So if you agree have a drink with me
Raise you glasses for a toast
To a little bit of chicken fried
Cold beer on a Friday night
A pair of jeans that fit just right
And the radio up
Well I've seen the sunrise
See the love in my woman's eyes
Feel the touch of a precious child
And know a mother's love
I thank god for my life
And for the stars and stripes
May freedom forever fly, let it ring.
Salute the ones who died
The ones that give their lives so we don't have to sacrifice
All the things we love
Like our chicken fried
Cold beer on a Friday night
A pair of jeans that fit just right
And the radio up
Well I've seen the sunrise
See the love in my woman's eyes

Feel the touch of a precious child
And know a mother's love
You know I like my chicken fried
Cold beer on a Friday night
A pair of jeans that fit just right
And the radio up
Well I've seen the sunrise
See the love in my woman's eyes
Feel the touch of a precious child
And know a mother's love

Worksheet

Diet Culture 饮食文化

Class: _____ Name: _____

1. I read some books about this topic: _____
_____

2. Write down the words you know.

food: _____
_____
_____

drink: _____
_____

tableware: _____
_____

taste: _____

3. I know the difference between the west and China on the diet culture. Please write down one or two of them.

① _____
_____
② _____
_____

4. Make a speech about the diet culture.

Plays

Dinner

表演者：Vicky, Linda, Ariel, Larry

Vicky：Hello, I'm Vicky, I'm from China.

Linda：Hello, I'm Linda, I'm from England.

Larry：Hello, I'm Larry, I'm from India.

Ariel：Hello, I'm Ariel. I'm Aki in the play. I come from Dingdong.

Vicky：Today we are going to Larry's house. Let's go together.

Linda & Ariel：OK.

Larry：Hello, guys! Welcome to my house. I'm cooking. Let's have dinner together.

(A few minutes later)

Larry：Sit down please. These are your meals. Please help yourself.

(Larry begins to eat, but he finds his friends didn't eat their meals.)

Larry：Why don't you eat your meal? Aren't you hungry?

Vicky：I'm not hungry.

Linda：I'm not hungry, either.

Larry：Don't you like it?

Vicky：Yes, I do. But I usually have meals with chopsticks.

Larry：Sorry, I don't know. (Larry fetches the chopsticks) Chopsticks for you.

Vicky：Thank you.

Larry：Why don't you eat your meal, Linda?

Linda：I can't use the chopsticks. I usually eat my meals with the knife and fork.

Larry：Oh, I see. (Larry fetches the knife and fork) Here you are.

Linda：Thank you.

Larry：What about you, Aki? What do you use to eat meals?

Ariel：Haha... I usually eat my meals with a straw.

Larry：OK. (Larry fetches a straw) Here you are.

Ariel：Thank you.

Larry: What do you think of the food?
Ariel: It's really delicious. Thank you.
Larry: You are welcome.

Pupils' works

1. **The difference between Chinese and Western food culture**

（by 吴泫辰）

2. **Different eating habits**

（by 章文巧）

Hi, everyone. I'm Lucy. Now, I'm going to talk about DIFFERENT EATING

HABITS.

Different countries have different eating culture. Chinese food and Western food are very different. Chinese people like eating rice, noodles, dumplings, but Western people like eating bread. Chinese people use chopsticks and bowls, but in the west, people use plates, knives and forks. In Japan people usually kneel and use chopsticks to eat. They often eat sushi. In India, people usually use hands to grasp food to eat. They only use the right hand, because they think food is all from God. In their opinion, the left hand is dirty, so they only use the right hand to eat. I think they can't eat hot pot! In different places, people eat different food on different festivals. In America, when it is Easter, people eat chocolate eggs. In China, when it is Mid-autumn Festival, people eat mooncake. People in China have different tastes too. People in the north of China like spicy food. People in the east of China often eat sweet and sour food. People in the south of China enjoy salty food. My family is from Shantou, so we like salty food and seafood.

That's all, thank you.

3. Chinese special food—Doufu

(by 林翔)

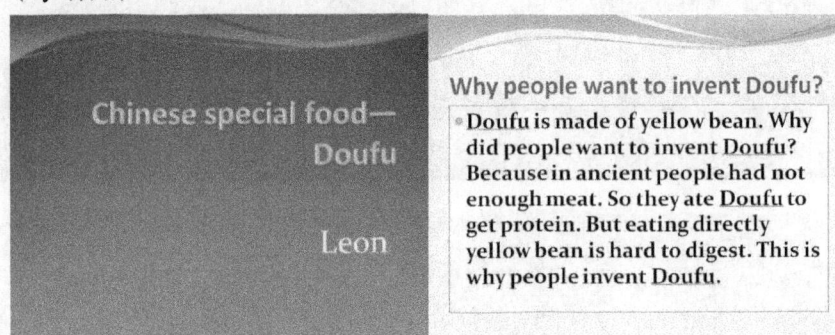

How to make Doufu?

First, wash the yellow bean.

Then make yellow bean into powder.

After that, cook the bean powder with special water(brine).

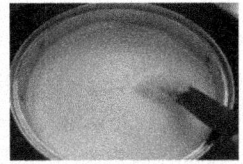

At the end, pressing Doufu with a bug by slates.

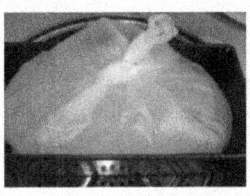

OK, tasty Doufu is ready!

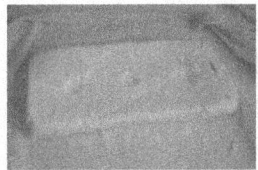

• There are many kinds of Doufu in China.

Mao Doufu is from Anhui. It looks terrible, but tastes delicious. It's made in wet place.

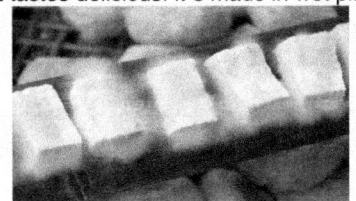

Chou Doufu is from Hunan. It smells terrible, but tastes good.

Mapo Doufu is from Sichuan. It's very tasty and very spicy. I like it most.

4. Chinese food and Western food

(by 饶智宸)

Hello everyone, my name is Echo. Today I am going to talk about Western food and Chinese food. First, people always say: Hunger breeds discontentment, food to safety first, so we can know that the food is very important to our life. This is Western people and this is Chinese people. Western people like eating healthy food like salad, but Chinese people like eating some delicious food such as *jiaozi*, I think they are very different. First, let's talk about Western food. These are Western foods, I think they are very healthy. And Western people like eating their own meals. Then, let's talk about Chinese food. These are Chinese food, I think they are very delicious, but they are not very healthy. Chinese food is delicious, and Western food is healthy. In my opinion, I think it is related to their history. This is the western country in the 20th century. Because people are rich in that time, they have enough money to eat delicious food, or what we called as junk food like McDonald and KFC, so they become very fat! And this is the McDonalds in USA. After Obama saw these very fat Americans, he said to himself: oh my goodness! Americans are fat! Why? Americans and Europeans eat healthily since that time, and they became healthy. But, this is China in the 20th century, and we were very poor! We don't have enough food to eat, so we want to eat delicious food now. Those are the Chinese food now, and they are very unhealthy. This is Chinese people, and these are the vegetables. Vegetables are healthy, but Chinese people don't like them. The vegetables are not delicious, so we don't like them. So we can know that Chinese people like delicious food, but Western people prefer healthy food. Thanks for your listening.

个人简介

缪娟,女,小学英语高级教师,英语科组长。毕业于湖南师范大学英语教育专业,大学本科,学士学位,英语专业八级。2010年获天河区嘉奖,2015年被评为天河区优秀教师。多年来一直致力于生本英语的教学研究,认为英语的学习应该是语言的实践和运用,对组织和开展活动课程有较多心得。同时大力推动小学生英语绘本阅读,所带班级学生有大量的绘本阅读积累,较高的英语学科素养。教学案例《从"简单"着手,抓"根本"问题》被收录在《激扬生命的课堂》一书中。

Animals

吴海玲

Vocabulary

分类	课内（教科版三年级起点 2013）		拓展词汇	
pets	dog	Book1M5U9	一、动物名称词汇	
	cat	Book1M5U9	koala 考拉	leopard 豹
	rabbit	Book1M5U9	bull 公牛	calf 小牛
	bird	Book2M6U11	buffalo 水牛	lamb 羊羔
	fish	Book2M6U11	bear 熊	deer 鹿
	mouse	Book2M6U12	bat 蝙蝠	hedgehog 刺猬
farm animals	chicken / rooster（美） Book2M6U11		squirrel 松鼠	rat 老鼠
			dolphin 海豚	seal 海豹
	duck	Book2M6U11	tortoise 乌龟	crocodile 鳄鱼
	goose（geese）*	Book7M1U1	hippopotamus 河马	shrimp 虾
	cow	Book7M1U1	crab 螃蟹	lobster 龙虾
	horse	Book2M6U12	snail 蜗牛	frog 蛙
	sheep	Book7M1U1	worm 蚯蚓	cock 公鸡
	goat *	Book7M1U1	hen 母鸡	chick 小鸡
	pig	Book2M6U12	duckling 小鸭	spider 蜘蛛
			ant 蚂蚁	bee 蜜蜂
wild animals	lion	Book8M2U3	butterfly 蝴蝶	dragonfly 蜻蜓
	tiger	Book8M2U3	eagle 鹰	owl 猫头鹰
	elephant	Book8M2U3	crow 乌鸦	dove 鸽子
	monkey	Book2M6U11	ostrich 鸵鸟	parrot 鹦鹉
	panda	Book8M2U3	swallow 燕子	sparrow 麻雀
	giraffe	Book8M2U3	beetle 甲虫	swan 天鹅
	kangaroo	Book8M2U3	crane 鹤	peacock 孔雀
	hare *	Book8M1U1		
	tortoise *	Book8M1U1		

续上表

分类	课内（教科版三年级起点2013）	拓展词汇	
wild animals	dragon *　　Book7M6U11	penguin 企鹅 fly 苍蝇 roach 蟑螂 turkeys 火鸡 badger 獾 mole mouse 鼹鼠 gull 海鸥 flea 跳蚤 eel 鳗鱼 dinosaur 恐龙 squid 乌贼	silkworm 蚕 mosquito 蚊子 grasshopper 蚱蜢 lizard 蜥蜴 toad 蟾蜍 pigeon 鸽子 cricket 蟋蟀 turtle 乌龟 sea horse 海马 jellyfish 水母 fox 狐狸
marine animals	whale *　　Book8M2U4 starfish　　Book8M2U3	二、动物身体部位词汇 paw 肉掌（指人手或四足动物的脚爪，如狗爪、猫爪等） claw 四足或两足动物的脚爪（有尖刺的那种，如狗爪、猫爪、鸟爪等） talon 猛禽的爪（如鹰的爪子） fur 毛 antenna 触角 tail 尾巴 horn 角 shell 贝壳 mane 鬃毛 udder 牛羊乳房 fin 鱼鳍 pouch 育儿袋 spot 斑	feather 羽毛 trunk 象鼻 beak 喙 wing 翅膀 fang 毒牙，犬牙 hoof 兽蹄 flipper 鳍足 spout 鲸等的喷水孔 antler 鹿角 stripe 条纹

Sentences

1. These/ Those / They are / aren't...
2. Are these / those / they...?
   Yes, they are. /No, they aren't.
3. It is called...
4. If we don't..., ...may...

The common saying about animals

1. 和动物有关的词语

(1) a big fish pound 大人物　　(2) a snake in the grass 阴险的人
(3) dog eat dog 自相残杀　　(4) love me, love my dog 爱屋及乌
(5) put on the dog 炫耀　　(6) dog days 三伏天
(7) as quiet as a mouse 鸦雀无声　　(8) the rat race 激烈的竞争
(9) like a bird 一帆风顺的　　(10) eat like a horse 吃得很多
(11) as wise as an owl 绝顶聪明　　(12) a pig in a poke 上当之貉

2. 动物谚语

(1) Kill two birds with one stone. 一箭双雕。
(2) Birds of a feather flock together. 物以类聚，人以群分。
(3) The frog in the well knows nothing of great ocean. 井底之蛙。
(4) A bird in the hand is worth two in the bush. 双鸟在林不如一鸟在手。
(5) Fine feathers make fine birds. 人要衣装，马要鞍。

Picture books

Dear Zoo (*A Lift-the-Flap Book*)
My Friend Rabbit
The Bear and the Bees
Monkey Puzzle

Squirrel's Autumn Search
Say Hello to the Jungle Animals
Little Polar Bear and the Big Balloon
Frog in Love
Solomon Crocodile
I am a Bunny

Songs

1. Bingo（Book1M6U11）

2. The Baby Animals

3. Mary Had a Little Lamb（美国儿歌）

Mary had a little lamb, little lamb, little lamb.

Mary had a little lamb.

Its fleece was white as snow.

Everywhere that Mary went, Mary went.

Everywhere that went, the lamb was sure to go.

It followed her to school one day, school one day, school one day,

It followed her to school one day.

That was against the rule.

It made the children laugh and play, laugh and play, laugh and play.

It made the children laugh and play, to see a lamb at school.

4. 环保歌曲

（1）The Earth Song （Michael Jackson）

（2）Heal the World （Michael Jackson）

There's a place in your heart   And I know that it is love

And this place could be much brighter than tomorrow

And if you really try   You'll find there's no need to cry

In this place you'll feel   There's no hurt or sorrow

There are ways to get there   If you care enough for the living

Make a little space   Make a better place

Heal the world   Make it a better place

For you and for me   And the entire human race

There are people dying   If you care enough for the living

Make a better place for you and for me

If you want to know why　There's a love that cannot lie

Love is strong　It only cares of joyful giving

If we try we shall see　In this bliss we cannot feel

Fear or dread　We stop existing and start living

Then it feels that always　Love's enough for us growing

Make a better world　Make a better world

Heal the world　Make it a better place

For you and for me　And the entire human race

There are people dying　If you care enough for the living

Make a better place for you and for me　And the dream we were conceived in

Will reveal a joyful face　And the world we once believed in

Will shine again in grace　Then why do we keep strangling life

Wound this earth, crucify its soul　Though it's plain to see

This world is heavenly　Be god's glow

We could fly so high　Let our spirits never die

In my heart I feel you are all my brothers　Create a world with no fear

Together we'll cry happy tears　See the nations turn their swords into plowshares

We could really get there　If you cared enough for the living

Make a little space　To make a better place

Heal the world　Make it a better place

For you and for me　And the entire human race

There are people dying　If you care enough for the living

Make a better place for you and for me

You and for me…

Worksheet

Module 5　Zoo Animals 先学作业

　　Class：_____　　Name：_____　　No.：_____　　Assessment：_____

1. Share some words or common sayings about animals.（与大家分享你知道的课内外动物单词或者有关动物的俗语。）

_____

_____

_____
_____
_____
_____
_____

2. Describe a kind of animal you like or introduce a piece of writing about animals you collect. （描述一种你喜欢的动物或介绍你收集到的动物的文章。）
_____
_____
_____
_____
_____

Question：_____

3. Please write a play with your classmates and act it out. （请和小组同学编写一个与动物有关的剧本并表演。）

Title （题目）：_____
Playwright （编剧）：_____
Director （导演）：_____
Character （演员）：_____
Scene （场景）：_____
_____
_____
_____
_____
_____
_____
_____
_____

Question：_____

Plays

Play1　Little Red Riding Hood（小红帽）

第一场：Little Red Riding Hood 家

Mum：（妈妈拿着一个篮子，把水果放在篮子里）

Little Red Riding Hood：Hi, mummy, what are you doing?（唱着歌，欢快地跑进来）

Mum：Grandma is ill. Here are some apples and bananas for Grandma. Take them to Grandma.

Little Red Riding Hood：（边提起篮子，边点头说）OK!

Mum：（亲切地看着 Little Red Riding Hood 说）Be good. Be careful.

Little Red Riding Hood：Yes, mummy. Goodbye, mummy.

Mum：Bye-bye. Darling.

第二场：在路上

（一阵轻快的音乐由远而近，Little Red Riding Hood 挎着篮子蹦蹦跳跳地跳到花草旁）

Little Red Riding Hood：Wow! Flowers, how beautiful!（放下篮子采花）One flower, two flowers, three flowers.

Wolf：I am a wolf. I am hungry.（Wolf 大步地走上台，作找东西状，东张西望）Hi! Little Red Riding Hood. Where are you going?

Little Red Riding Hood：（手摸辫子，天真地回答）To Grandma's. Grandma is ill.

Wolf：（自言自语）I'll eat Grandma. But...（对 Little Red Riding Hood 说）Hey, look! 6 little baby ducks.

Little Red Riding Hood：（和6只鸭子随着音乐翩翩起舞）

（Wolf 悄悄地藏到大树后）

Little Red Riding Hood：（停止跳舞）Hello! Baby ducks, how are you?

Six Ducks：We're fine. Thank you. Where are you going?

Little Red Riding Hood：To Grandma's. Oh, I must go, bye.

Six Ducks：Goodbye.

第三场：Grandma 家

（Grandma 喘着气出场，颤颤悠悠地走到床前，吃力地坐到床边，喘了几口气，打几个哈欠，慢吞吞地躺倒在床上。）

Wolf：（从树后出来，边走边说）I am very hungry now.（作找寻状）Where is Grandma's house?（高兴地对观众说）Aha, it's here.（敲门）Bang, Bang, Bang.

Grandma：Who is it?

Wolf：（装出 Little Red Riding Hood 的声音）It's me. Little Red Riding Hood.

Grandma：（边说边起床）Come in, come in.

Wolf：（得意洋洋地走到床边）Grandma, I'll eat you.

（Grandma 惊慌失措地抓紧衣服，瞪着眼睛，边叫边从床上滚到地上）

（Wolf 把 Grandma 吞到了肚子里）

Wolf：（得意地拍拍肚子，翘起大拇指）Yummy! I'll sleep.

Little Red Riding Hood：（高兴地敲门）Grandma. Grandma.

Wolf：（装扮成 Grandma 的声音）Who is it?

Little Red Riding Hood：It's me. Little Red Riding Hood. What a strange noise!

Wolf：Come in, come in.

Little Red Riding Hood：（蹦蹦跳跳着进来，走到床前一看，跳回几步）Oh! What big ears!

Wolf：I can listen to your sweet voice.

Little Red Riding Hood：Wow! What a big eye!

Wolf：I can see your pretty face.

Little Red Riding Hood：Oh! What a big hand!

Wolf：I can hug you.

Little Red Riding Hood：（跪在床前，拉起 Wolf 的手，边摸边说）Look! What a big mouth!

Wolf：（从床上跳起来说）I can eat you!

Little Red Riding Hood：（拼命地跑）Oh! No! No!

Wolf：（追到 Little Red Riding Hood，作吃状，拍拍肚子说）It's delicious. I like sleeping.

Hunter：（拿着枪，作寻找状出场）Where's the wolf? Look! A door.（推门）The wolf is sleeping.

Wolf：（发出呼呼的响声）

Hunter：（端起枪想打，又放下）What a big stomach！（摸摸 Wolf 的肚子）Grandma and Little Red Riding Hood are inside. I must be hurry.

Hunter：（拿起枪）Wake up！

Wolf：（起床，两手托着大肚子）My stomach is so heavy.

Hunter：You big bad wolf, raise your arms！

Wolf：（边跑边说）Help！

Hunter：（开枪）Bang, bang！

（Wolf 应声倒下）

Hunter：The bad wolf is dead. Look, scissors. Cut, cut, cut. （作剪狼的肚子状）

Little Red Riding Hood 和 Grandma：Yeah！Thank you.

Play2　英语短剧：The Fox and the Tiger（狐假虎威）

Tiger：I'm a great tiger. I'm very strong. I'm very brave. I'm the king of the forest. But now I'm very hungry. I must find something to eat at once. Oh, there's nothing here. And here is nothing, either. Oh, I want to have a rest. (Sleep soundly)

Fox：I'm a fox. You can see, I'm pretty and lovely. I'm good at cheating and telling lies. Just now I cheated a crow out of a piece of meat. Mm, Mm, Mm. How delicious it is！

Tiger：Ah, a fox. A good meal. Ah, a good meal.

Fox：Oh, my God！What should I do？Yes, I have a good idea. Yes, a good idea. Hello！Tiger sister！How are you？

Tiger：Not so good. I'm very hungry now. I want to eat you.

Fox：Oh, my dear！How dare you say that！I'm the king of the forest！I'm the king of the forest！If you want to eat me, I will let you die right now.

Tiger：She is the king？She is cheating me. I can't believe her. I'm the king of the forest here.

Fox：If you don't believe me, just follow me and see who is the king of the forest.

Tiger：OK. Let's go.

Rabbit, Bird, Frog, Bear...are playing together, they are very happy.

Bird: I'm a bird.

Rabbit: Hi! I'm a rabbit.

Frog: I'm a frog. Hello! What are you doing here?

B & R: We're playing.

Bear: I'm a big brown bear. Hello, everyone! What are you doing here?

R, B & F: Come on! Come on! Mr. Bear! You are so strong. Please come here.

Bear: OK! I'm coming.

Fox: Hello, Bear!

Bear: Hi, Fox. Oh, a tiger! (run away)

Fox: Hello, Frog!

Frog: Hi, Fox. Oh, a tiger! (run away)

Fox: Hello, Bird!

Bird: Hi, Fox. Oh, a tiger! (run away)

Fox: Hello, Rabbit!

Rabbit: Hi, Fox. Oh, a tiger! (run away)

Fox: Tiger, Now, you see. They all run away!

Tiger: Yes, you are right. It's true. I'm very sorry. You are the king of the forest. That's all right. I will run away. She is the king. She is the king.

Play3 英语童话剧（剧本）：Rabbit's Birthday

旁白：There are a lot of lovely animals in the forests. They're living a happy life. Little rabbit wants to invite（邀请）some friends to her birthday party. Early in the morning, the rabbits are busy.

第一幕：

Rabbit: Today is my birthday. I invite（邀请）a lot of friends to my birthday party. I'm waiting for them in my house.（到房子里等待，从窗口探出头等待）

第二幕：小兔朋友上场

1. 萝卜上

Turnip: I'm a turnip. I grow and grow. I'm getting bigger and bigger. I'm ripe（成熟的）now.

2. 猴子跳上场

Monkey1：I'm monkey. I can jump.

Monkey2：I'm monkey. I can jump, too.

Monkey1：Little rabbit invited us to her birthday. Let's go.

Monkey2：OK! 边跳边唱儿歌：Three little monkeys jumping on a bed…

3. 遇见萝卜

Turnip：Hello, monkeys! Look, I'm ripe. Please pull me up.

Monkey1：Today is rabbit's birthday. We can take this turnip as a birthday present for her.

Monkey2：All right. Let's try.

Monkeys：Hi-yo! Hi-yo! One, two, three! Hi-yo! Hi-yo! One, two, three! We can't pull you out!

4. 小猪上场

Pig：Oink-Oink! I want to go to rabbit's birthday! Oink-Oink! ~ ~

Monkey1：Pig! Pig! Help! Help!

Pig：What are you doing?

Monkey2：We want to take this turnip as a birthday present for rabbit. But we can't pull it out. Please help us!

Pig & Monkeys：Hi-yo! Hi-yo! One, two, three! Hi-yo! Hi-yo! One, two, three! We can't pull you out!

5. 小鸟上场跳舞

(Two little black birds sitting on a hill…)

Bird1：I'm bird.

Bird2：I'm bird too. I can sing in the tree.

Birds：We're birds.

Monkey1：Birds! Birds! Help! Help!

Monkey2：We want to take this turnip as a birthday present for rabbit. But we can't pull it out. Please help us!

Animals：Hi-yo! Hi-yo! One, two, three! Hi-yo! Hi-yo! One, two, three! We can't pull you out!

6. 狮子上场

(看见小动物们) Lion：Roar-roar! What are you doing?

Monkey1：We want to take this turnip as a birthday present for rabbit. (声音要胆怯)

Lion: I want to go with you.

Animals: No, no, no. Go away!

Lion: I know I'm not good. But ~ ~ I can help you pull out the turnip.

(动物们讨论一下)

Animals: All right. But you must treat everyone well from now on.

Lion: OK!

Animals: Hi-yo! Hi-yo! One, two, three! Hi-yo! Hi-yo! One, two, three! Hurrah! We pull out the big turnip!

Lion: Let's carry the big turnip to the rabbits.

Monkey1: Let's go!

Monkey2: Let's sing.

Animals: OK!

(扛着萝卜,唱着歌,绕场一周)

第三幕:小兔一家正在准备

(狮子来敲门,小兔听见,不敢开门)

Lion: Open the door! Open the door!

Rabbit: Oh! Lion! I don't want to open the door!

Mum: Dear, please open the door.

Rabbit: No, no!

Mum: No, it's not good. We are all friends.

(小兔想了一下)

Rabbit: OK!

(大家进门,把礼物送给小兔)

Animals: Happy birthday to you!

Rabbit: Thank you!

Rabbit: Hello, friends! Come on! Let's dance. Let's sing!

Animals: (唱歌) Happy birthday to you! (蛋糕上,摆 pose)

(全剧终)

个人简介

> 吴海玲，广州市天河区骏景小学英语教师，在自己的工作岗位上兢兢业业，尽心尽责，不断探索和研究英语生本课堂的教学以及如何提升学生的英语素养。学生就好比一粒种子，在学校的土壤里，在园丁的浇灌下会发芽、生长、开花……这是大自然的规律。只是由于每颗种子的不同，花期也会不同。作为园丁，要拥有一颗"静待花开"的平常心，欣赏他们，鼓励他们，相信终究会等到花开灿烂的时刻，那便是教师最幸福的事。

Colours

王玉芹

Vocabulary

分类	课内（教科版三年级起点 2013）		拓展词汇
colours words	colour green orange pink black red yellow blue purple brown white	Book2M1U1 Book2M1U2 Book2M1U2 Book3M1U1 Book2M1U2 Book2M1U1 Book2M1U1 Book2M1U1 Book2M1U2 Book2M1U2 Book2M1U1	palegreen 苍绿色 baby pink 浅粉色 shocking pink 鲜粉色 chocolate 红褐色，赭石色 camel 驼色 khaki 卡其色 moss green 苔绿色 emerald green 鲜绿色 olive green 橄榄绿 turquoise blue 土耳其玉色，翠蓝色 navy blue 藏青色，深蓝色，天蓝色 aquamarine blue 蓝绿色 wine red 葡萄酒红 purple，violet 紫色 off-white 灰白色 ivory 象牙色 snowy white 雪白色 oyster white 乳白色 charcoal gray 炭灰色 smoky gray 烟灰色 misty gray 雾灰色 powder blue 粉蓝色 rosy brown 褐玫瑰红 royal blue 宝蓝色 rubine 宝石红 saddle brown 重褐色 sandy brown 沙褐色 sapphire 宝石蓝

续上表

分类	课内（教科版三年级起点 2013）	拓展词汇
colours words		sea green 海绿色 silver 银白色 sky blue 天蓝色 slategray 灰石色 snow 雪白色 spring green 春绿色 steel blue 钢蓝色 stone 石色 tomato 番茄色 turquoise 青绿色 wheat 浅黄色 whites moke 烟白色 yellow green 黄绿色 cream 雪白
colours phrases	what colour 什么颜色 a red pen 一只红色的钢笔 colour the nose red 给鼻子涂上红色 colour the hat orange 给帽子涂上橙色	a colourful world 一个多彩世界 a colourful career 有声有色的职业生涯 bright colours 鲜亮色 bright coloured 色彩鲜亮的 colourfast clothing 不掉色衣服 yellow food colouring 食用黄色素 a colourless gas 无色气体 colour blind 色盲 people of colour 有色人种 colour pictures 彩色图片 colour coordinated 颜色协调的 red-eye 夜班飞机 red sugar 黄糖（化学药品） black tea 红茶 pink of politeness 十分彬彬有礼

30

续上表

分类	课内（教科版三年级起点 2013）	拓展词汇
colours phrases		in the pink 振作起来 blue blood 名门望族 blue law 严格的法律 blue Monday 讨厌的星期一 black and blue 遍体鳞伤 white lie 善意的谎言 white man 善良的人 white elephant 大而无用的东西，累赘 white-collar 白领，脑力劳动者 a white heart 大好人 black dog 忘恩负义的人 black sheep 害群之马 black smith 铁匠 black hat 坏人 black leg 骗子 green hand 新手，没有经验的人 green light 绿灯，认可，准许 a green old age 老当益壮 a yellow dog 卑鄙无耻的小人 purple wine 葡萄酒 brown sugar 红糖 brown nose 献殷勤，拍马屁 call white black /call black white 混淆是非，颠倒黑白

Songs & rhymes about colours

1. **Rainbow**（广州版教材《英语口语》第一册 Unit 4）

Rainbow purple, rainbow blue, rainbow green and yellow too.
Rainbow orange, rainbow red, rainbow smiling overhead.

Rainbow purple, rainbow blue, rainbow green and yellow too.
Rainbow orange, rainbow red, rainbow smiling overhead.

2. A Chant from Book 1

I like pink. I like blue. I like black. It's cool.

3. Colours

What is pink? A rose is pink,
By the fountain's brink.
What is red? A poppy's red,
In its barley bed.
What is blue? The sky is blue,
Where the clouds float through.
What is white? A swan is white,
Sailing in the light.
What is yellow? Pears are yellow,
Rich and ripe and mellow.
What is green? The grass is green,
With small flowers between.
What is violet? Clouds are violet
In the summer twilight.
What is orange? Why, an orange,
Just an orange!
(by C. G. Rossetti)

4. Colours (Grouplove)

I am a man man man man
Up up in the air
And I run around round round round
This down town and act like I don't care
So when you see me flying by the planet's moon
You don't need to explain if everything's changed
Just know I'm just like you
Huh Ha

So I pull the switch the switch the switch inside my head
And I see black black green
And brown brown brown and blue yellow violets red
And suddenly a light appears inside my brain
And I think of my ways
I think of my days
And know that I have changed
It's the colours you have
No need to be sad
It really ain't that bad
It's the colours you have
No need to be sad
You've still got your hand
So Mistress Mistress have you been up to the roof
He shot himself self
There's blood on the wall
'Cause he couldn't face the truth
Oh knock that down
Leave the ground and find some space
And tell your friends friends
You'll be back again gain
Before it's too late
It's the colours you have
No need to be sad
It really ain't that bad
Ooooh It's the colours you have

Topic about colours

  a white elephant 说明：相传一国王曾以白象送予敌人，以瓦解对方。
  show the white feather 说明：该习语原指斗鸡人认为有白羽毛的斗鸡不是良种鸡。
  show the white flag 说明：该习语源出打败仗的部队向敌军举起白旗，表示投降。

Call black white and white black. 黑白颠倒。

Indigo blue is extract from the indigo plant, but is bluer than the plant it comes from. 青出于蓝而胜于蓝。

Red clouds in the east, rain the next day. 东边火烧云，明日雨淋淋。

Sentences

1. I like blue / black /…
2. What colour is it? It's…
3. What colour is your pen?

    Blue / Green…

    It's blue / green…
4. What colour is the…?

    It's red / yellow/…
5. Let's colour the… green /blue /…
6. Look at the…
7. Do you like green?

    Yes, I do. / No, I don't.
8. What colour do you like?

    I like red / green / blue…

Worksheet

Colours

Class：_____   Name：_____

三分钟：有关颜色的谚语或歌曲。

一、我知道的关于颜色的单词有：_____

_____

_____

有关颜色的短语：_____

_____

_____

有关颜色的句子：_____
_____
_____
_____

二、请画一幅你自己喜欢的图画，上颜色，仿照例文，用几句英语介绍。

例文：I have a kite. It's yellow, green and red. It's cute. I like my kite very much.

图（涂上颜色）	

三、请找出模块一的重点句型及课外读物相关颜色小故事，小组创编对话并表演。

_____
_____
_____

推荐学习：

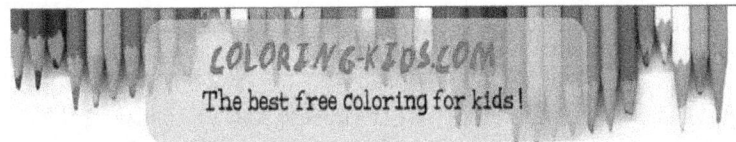

Walt disney colouring pages

Disney babies colouring book pages

Donald colouring book pages

Dumbo colouring book pages

Minnie colouring book pages

Monsters Inc colouring book pages

Mickey colouring book pages

个人简介

Wang Yuqin, a senior English teacher of Junjing Primary School. She has taught English for 20 years. She loves kids and loves making friends with kids. And she thinks interest is the best teacher. So she always tries to make every class interesting in order to make kids love English.

Family

庄秀娜

Vocabulary

分类	课内（教科版三年级起点2013）		拓展词汇
family members	mum	Book1 M1 U1	parents 父母　husband 丈夫
	dad	Book1 M1 U2	wife 妻子　　son 儿子
	grandpa	Book1 M1 U2	daughter 女儿
	grandma	Book1 M1 U2	grandchildren 孙辈
	grandfather	Book2 M5 U9	grandson 孙子，外孙
	grandmother	Book2 M5 U9	granddaughter 孙女，外孙女
	father	Book1 M4 U7	twins 双胞胎
	mother	Book1 M4 U7	granny 奶奶，外婆
	brother	Book1 M4 U7	great-grandfather 曾祖父
	sister	Book1 M4 U7	great-grandmother 曾祖母
	uncle	Book1 M4 U8	son-in-law 女婿
	aunt	Book1 M4 U8	daughter-in-law 儿媳
	cousin	Book2 M5 U9	father-in-law 岳父（公公）
			mother-in-law 岳母（婆婆）
			sister-in-law 妯娌
			nephew 侄儿，外甥
			niece 侄女，外甥女
adjectives of appearance	tall	Book1 M4 U8	fat 胖的
	short	Book1 M4 U8	good-looking 好看的
	young	Book1 M4 U8	slim 苗条的
	old	Book1 M4 U8	handsome 帅气的
	thin	Book1 M4 U8	graceful 优雅的，优美的
	strong	Book1 M4 U8	cool 酷酷的
	cute	Book1 M4 U8	curly 卷曲的

续上表

分类	课内（教科版三年级起点2013）		拓展词汇
adjectives of appearance	lovely	Book2 M5 U9	ugly 丑的
	big	Book2 M5 U9	
	small	Book2 M6 U12	
	beautiful	Book3 M2 U3	
	pretty	Book1 M4 U8	
	heavy	Book2 M5 U9	
	long	Book2 M6 U12	
	nice	Book1 M2 U4	
adjectives of character	shy	Book4 M1 U2	unfriendly 不友善的 childish 孩子气的，幼稚的 childlike 天真烂漫的 careless 粗心的 romantic 浪漫的 humourous 幽默的 selfless 无私的 modest 谦虚的 gentle 温文尔雅的 manful 刚毅的 quiet 安静的 honest 诚实的 smart/clever 聪明的 tricky 狡猾的 hopeful 信心十足的 humble 谦逊的 easy-going 随和的 brave 勇敢的 strict 严格的
	kind	Book4 M1 U2	
	friendly	Book4 M1 U2	

Sentences

1. Who's this man/woman/lady/boy/girl?
2. This/That man/woman/lady/boy/girl is my…
3. Is he/she your father/brother/mother/sister…?
4. Yes, he/she is.
5. No, he/she isn't. He/She is my…
6. He/She is…

Picture books

北京师范大学出版社：

《攀登英语分级阅读第一级》 *I Have a Sister*
《攀登英语分级阅读第一级》 *Grandpa's Umbrella*
《攀登英语分级阅读第二级》 *Ken Has a Secret*
《攀登英语分级阅读第五级》 *It is not Easy to be a Mum*

一起作业网：

"Do you have a brother?"
http：//www.wtoutiao.com/p/361inNX.html
"My Family"

其他绘本：

Growing and Changing
Guess How Much I Love You
Old Mother Hubbard
Little Red Riding Hood

其他视频材料：

Peppa Pig "Piggy in the Middle"
Peppa Pig "Babysitting"
Penelope "Penelope's Family Concert"

Songs

1. Finger family（广州版教材《英语口语》第二册 **Unit1**）

Father finger, father finger.
Where are you?
Here I am. Here I am.
How do you do?

2. A Little Love（歌手：冯曦妤）

Greatness as you
Smallest as me
You show me what is deep as sea

A little love, little kiss
A little hug, little gift
All of little something, these are our memories

You make me cry
Make me smile
Make me feel that love is true
You always stand by my side
I don't want to say goodbye

You make me cry
Make me smile
Make me feel the joy of love
Oh kissing you
Thank you for all the love you always give to me
Oh I love you

Greatness as you
Smallest as me
You show me what is deep as sea

A little love, little kiss
A little hug, little gift
All of little something, these are our memories

You make me cry
Make me smile
Make me feel that love is true
You always stand by my side
I don't want to say goodbye

You make me cry
Make me smile
Make me feel the joy of love
Oh kissing you
Thank you for all the love you always give to me
Oh I love you

Yes I do, I always do

Make me cry
Make me smile
Make me feel that love is true
You always stand by my side
I don't want to say goodbye

You make me cry
Make me smile
Make me feel the joy of love
Oh kissing you
Thank you for all the love you always give to me
Oh I love you

To be with you... Oh I love you

3. Mummy loves me (Book2M4U7)

Mummy loves me, this I know,
For she often tells me so.
With a pleasant word and smile,
Mummy loves me all the while.
Mummy, Mummy,
Mummy, Mummy,
How I love you.
How I love you, too.

Chant

Mother short
Father tall
Brother big
Sister small
Short or tall
Big or small
I love them all

Worksheet

三年级上册 Module 4 小研究
Unit 8　Who's that lady?

1. Sum up words about family.（归纳关于家庭成员的单词，可增加课外词汇交流）

grandpa
_____　_____　_____　_____
_____　_____　_____　_____
_____　_____　_____　_____

2. Write down the adjective words that can be used to describe appearance. （写下用来形容外貌的词）

tall

_____   _____   _____   _____

_____   _____   _____   _____

3. Stick a picture of your family and write some sentences to describe.（张贴一张你的家庭照片，仿照例文写几句话描述介绍，用上第 2 题的形容词）

　　This is a picture of my family. This man is my father. He is tall. That young lady is my mother. She is beautiful（美丽的）. This boy is me. I am short. ...

4. Act out a play.（自由组合表演 U7-8 课文或者创编类似话题表演）

Pupils' works 1:

1. Sum up words about family.（归纳关于家庭成员的单词，可增加课外词汇交流）

father	mother	brother	sister
grandpa	grandma	uncle	aunt
son	daughter	parent	cousin

2. Write down the adjective words that can be used to describe appearance. （写下用来形容外貌的词）

tall	short	thin	slim
handsome	strong	cute	pretty

3. Stick a picture of your family and write some sentences to describe. （张贴一张你的家庭照片，仿照例文写几句话描述介绍，用上第2题的形容词）

This is a picture of my family. This man is my father. He is tall. That young lady is my mother. She is beautiful（美丽的）. This boy is me. I am short. …

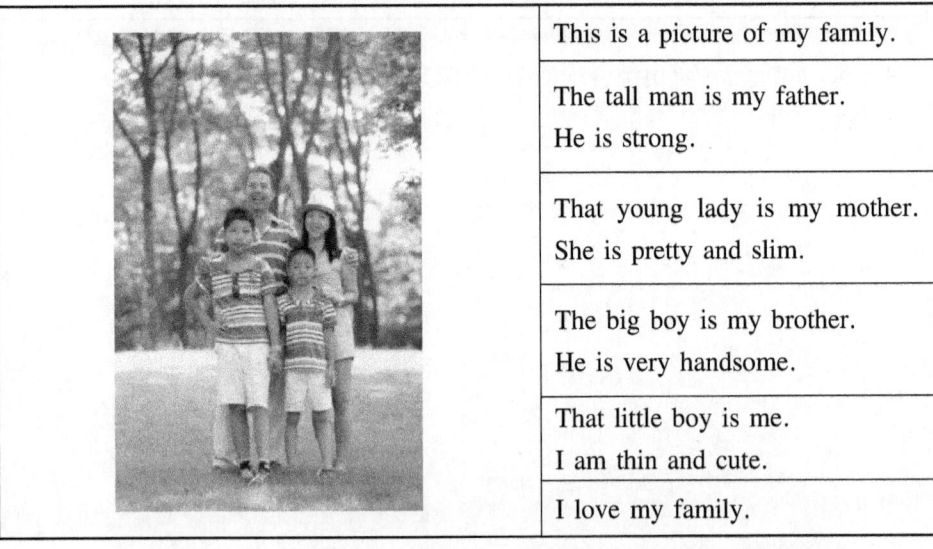

This is a picture of my family.
The tall man is my father. He is strong.
That young lady is my mother. She is pretty and slim.
The big boy is my brother. He is very handsome.
That little boy is me. I am thin and cute.
I love my family.

4. Act out a play. （自由组合表演 U7-8 课文或者创编类似话题表演）

Pupils' works 2：

1. Sum up words about family.（归纳关于家庭成员的单词，可增加课外词汇交流）

great-grandfather 曾祖父		great-grandmother 曾祖母	
grandfather 祖父	grandpa 爷爷，外公	grandma 奶奶，外婆	grandmother 祖母
uncle 叔父，伯父 舅父，姑父	father 父亲	mother 母亲	aunt 婶母，伯母 舅母，姑母
brother 兄弟	twins 双胞胎	sister 姐妹	cousin 堂兄妹，表兄妹
husband 丈夫		me 我	wife 妻子
nephew 侄儿，外甥	niece 侄女，外甥女	son 儿子	daughter 女儿
grandson 孙子，外孙		granddaughter 孙女，外孙女	

2. Write down the adjective words that can be used to describe appearance.（写下用来形容外貌的词）

tall	short	fat	thin
高	矮	肥胖的	瘦
medium height	bony	tubby	slim
不胖不瘦	瘦骨嶙峋的	矮胖的	苗条的
good-looking	plain	elegantly	naughty
长得好看	长得一般	优雅	淘气的

续上表

smartly dressed	well-dressed	neatly dressed	scruffy dressed
穿着得体	穿得漂亮	衣着干净整洁	衣着不整洁
learned	kind, nice	warm-hearted	lovely
博学的	友善的	热心的	可爱的

3. Stick a picture of your family and write some sentences to describe.（张贴一张你的家庭照片，仿照例文写几句话描述介绍，用上第 2 题的形容词）

This is a picture of my family. This man is my father. He is tall. That young lady is my mother. She is beautiful（美丽的）. This boy is me. I am short. …

This is a travel photo of my family. This sunny man is my father. He is learned. That smiling lady is my mother. She is kind. This thin girl is me. I am lovely.

We are in harmony and love each other.

Pupils' works 3:

A picture of my family

This is a picture of my family. There are four people in my family. They are my father, my mother, my sister and me. The strong man is my father. The beautiful lady is my mother. The pretty girl is my sister. The cute girl is me. I have a happy family.

Plays

1. Talk about family members

表演者：叶鼎怡 Cherry　蔡镣 Happy　陆子信 Jason　潘铁梁 Leo

Hello, I'm Miss Ye.

Hello, I'm Happy.

Hello, I'm Jason.

Hello, I'm Leon.

Cherry: Good morning, boys.

Boys: Good morning, Miss Ye.

Cherry: Show me your pictures, please.

Boys: OK.

Happy: This is my picture.

Cherry: Who's that man?

Happy: He is my father. He is a policeman.

Cherry: He is strong.

Happy: Thank you.

Jason: This is my picture.

Cherry: Who's he?

Jason: He is my grandfather, my mother's father.

Cherry: Oh, he is so young.

Jason: Thank you.

Leon: This is my picture.

Cherry: Who is that lady? Is she your mother?

Leon: No, she isn't. She is my aunt.

Cherry: She is so pretty.

Leon: Thank you.

Cherry: Class is over. Good bye, boys.

Boys: Good bye, Miss Ye.

2. Polly Parrot

N—Narrator(旁白)　　P—Peppa　G—George　M—Mummy　D—Daddy

N: Peppa and her family are visiting Granny Pig and Grandpa Pig.

Peppa Pig: Granny Pig! Grandpa Pig!

George: Granny Pig! Grandpa Pig!

Grandma: Hello, my little ones. Come inside, we have a surprise.

Peppa Pig: What is it?

Grandma: We have a new pet. Can you guess what it is?

George: Dine-saw?

Grandpa: No, it's not a dinosaur. Come and see.

N: Granny Pig and Grandpa Pig have a pet parrot.

Grandma: Peppa, George, this is our pet parrot. She's called Polly. Pretty Polly. Pretty Polly.

Parrot: Oh-Oh. Pretty Polly.

Peppa and George: Oooh. Wow.

Grandma: I'm a clever parrot.

Parrot: Oh, I'm a clever parrot.

Peppa: Mummy, why does Polly copy everything that Granny says?

Mummy Pig: That's what parrots do. I'll show you. Hello, Polly.

Parrot: Hello, Polly.

Mummy Pig: What a sweet little parrot!

Parrot: What a sweet little parrot!

Peppa and George: Ha-ha!

Grandma: Come on, everyone, teatime! Peppa, George, come on! There's chocolate cake.

Peppa: Granny, please, can we leave the table and go and see Polly Parrot?

Grandma: OK.

Peppa: George, say something to Polly.

N: George is a little bit shy.

Peppa: Hello.

Parrot: Hello.

Peppy and George: Ha-ha-ha-ha.

Parrot：Ha-ha-ha-ha.

Parrot，Peppa and George：Ha-ha-ha-ha-ha-ha-ha.

N：Peppa and George are really enjoying and they are pretending to be parrots.

Grandma：I'm a clever parrot.

Parrot：I'm a noisy parrot.

Everyone：Ha-ha-ha-ha-ha-ha-ha.

个人简介

庄秀娜，英语教育专业毕业，专业英语八级。骏景小学英语高级教师，从事教学工作近十五年，辅导的学生在各项英语竞赛中取得优异成绩，获得各等奖项。其论文《新英语课堂需要新课标理念》获天河区中小学教学论文评比二等奖；论文《在教学中激发英语学习的兴趣》获得第二届"学英语报"杯广州市小学英语教师论文大赛三等奖。其教学风格幽默风趣，富有激情，独树一帜，深得学生喜爱。

Festivals

王雪贞

Vocabulary

分类	课内（教科版三年级起点2013）		拓展词汇
Festivals	Mid-autumn Festival	Book7M6U11	Thanksgiving Day 感恩节
	Dragon Boat Festival *	Book7M6U11	Easter 复活节
	Chongyang Festival *	Book7M6U11	April Fools' Day 愚人节
	Spring Festival	Book4M6U12	Father's Day 父亲节
	Halloween	Book4M6U12	Children's Day 儿童节
	Mother's Day	Book4M6U12	New Year's Day 元旦
	Teachers' Day	Book4M6U12	Lantern Festival 元宵节
			National Day 国庆节
Festival words	gift	Book7M6U11	
	lucky money	Book7M6U11	
	jiaozi *	Book7M6U11	
	moon	Book7M6U11	
	mooncake	Book7M6U11	
	dragon *	Book7M6U11	
	zongzi *	Book7M6U11	
	ham *	Book7M6U12	
	turkey *	Book7M6U12	
	each other	Book7M6U11	
	wish	Book7M6U11	
	race	Book7M6U11	
	put up	Book7M6U12	
	share	Book7M6U12	
	wonderful	Book7M6U12	
	hurry	Book7M6U12	
	bring	Book7M6U12	

Sentences

1. What's your favourite festival? I like…best.
2. What do people do during the…?
3. The Spring Festival is the most important festival in China.
4. When is the Spring Festival? It's usually in January or February.
5. When is Christmas Day?
6. What do people like to put under their Christmas tree?
7. What does Father Christmas look like?
8. Where will Father Christmas leave his gifts?
9. What do people do on Christmas?

Songs

1. Jingle Bells
2. When A Child Is Born
3. When Christmas Comes To Town
4. We Wish You a Merry Christmas
5. Silent Night
6. Happy New Year

Picture books and chapter books

《穿雨靴的小鹅》系列 *Ollie's Easter Eggs*

小怪物 *Happy Easter, Little Critter*

佩佩猪（小猪佩奇）*Peppa's Easter Egg Hunt*

大红狗克利福德 *Clifford's First Easter Clifford's Happy Easter*

Pupils' works

My Favourite Festival
陆炜曦（Kitty）　　指导老师：王雪贞

My favourite festival is the Spring Festival. Before the Spring Festival, we usually clean and decorate our house. My mother, my father and I go shopping to buy some new clothes. Sometimes we go to the flower fair and buy some beautiful flowers. During the Spring Festival, I can get lucky money from the adults. And we often get together and have a big meal. I can eat my favourite dumplings. So I like the Spring Festival best.

Christmas
吴洲同　指导老师：王雪贞

Hello, everybody. Today I will share something about Christmas. Christmas is on December 25th. It is Jesus Christ's birthday. It is the most important and popular festival in western countries. People are very busy on Christmas Eve. They clean and decorate their houses. Many people always buy some coloured lights and presents on the Christmas tree. Christmas tree is an important part of Christmas. There is a big red star at the top of the Christmas tree. Children put their stockings beside the bed. They hope to get some presents from Father Christmas. Of course, Father Christmas isn't real. The parents are the real "Father Christmas". They put the presents under the Christmas trees or into their children's stockings after the children go to sleep. On Christmas Day, adults buy a lot of presents for children and all of them need to do nothing. So they are happy on that day.

Trick or Treat

Title	TRICK OR TREAT
Playwright	吴州同
Director	丁朗
Characters	吴州同（Jackson）丁朗（Isabella）王恩沛（Irene）钟紫琳（Judy）庄绍基（a Chinese, his English name is Rennes. He moved to America two month ago）
Scene	In the street

 Children：Halloween is coming! Tonight, we will ask for candies from door to door!
 （敲门）
 Jackson：Hi, children!
 Children：Trick or treat…
 Jackson：OK! Here you are!
 Children：Thank you. Bye!
 Jackson：Bye!
 （敲门）
 Rennes：Hi, mum. I'm so hungry. Could you cook a delicious meal for me?

续上表

Children: Trick or treat... （扮演成魔鬼的模样）
Rennes: What? One ghost...two ghosts...three ghosts! （晕倒）
Irene: He fainted just now.
Isabella: So...
Judy: Ha-ha!
（捣乱）
Rennes: Wait, what are you doing? （awake）
Children: Trick or treat...
Rennes: What? Oh, I see! 乞丐嘛（in Chinese, and give the children dollars）.
Children: What? No, no.
Rennes: Do you want this? （out with some candies）
Children: Yes!
Rennes: OK, you know... （做数钱的手势）
Children: （snatch the candies） Bye-bye!
Rennes: Hey! 5 cents! 5 cents! I mean...
Children: Bye-bye!
Rennes: Oh no, my 5 cents... （fall over）

个人简介

王雪贞,本科学历,小学英语高级教师。十几年来,她怀揣着教育的梦想,活跃在三尺讲台,挥洒智慧与灵气,诠释执着与勤勉,演绎精彩与感动。个人多次被天河区教育局、天河区政府评为"教坛新秀"和"优秀教师"。积极参加各级科研课题研究,教学论文、教学课例多次荣获国家、省、市、区的奖励。

教育感言:把机会留给学生,把精彩让给学生,把掌声送给学生!

Seasons and Weather

林惠好

Vocabulary

分类	课内（教科版三年级起点2013）		拓展词汇
seasons	season spring summer autumn winter	Book5M6U11 Book4M6U12 Book4M6U12 Book6M1U1 Book6M1U1	立春 Spring begins 雨水 The rains 惊蛰 Insects awaken 春分 Vernal Equinox 清明 Clear and bright 谷雨 Grain rain 立夏 Summer begins 小满 Grain buds 芒种 Grain in ear 夏至 Summer solstice 小暑 Slight heat 大暑 Great heat 立秋 Autumn begins 处暑 Stopping the heat 白露 White dews 秋分 Autumn Equinox 寒露 Cold dews 霜降 Hoar-frost falls 立冬 Winter begins 小雪 Light snow 大雪 Heavy snow 冬至 Winter Solstice 小寒 Slight cold 大寒 Great cold

续上表

分类	课内（教科版三年级起点2013）		拓展词汇
weather	形容词：		frost 霜
	cloudy	Book5M6U11	hail 冰雹
	rainy	Book5M6U11	thunder 雷
	sunny	Book5M6U11	mist 雾
	windy	Book5M6U11	haze 霾
	snowy	Book5M6U11	downpour, shower 暴雨
	hot	Book5M4U7	storm, tempest 暴风雨
	cold	Book5M4U7	lightning 闪电
	warm	Book5M6U11	land wind 陆风
	cool	Book5M6U11	hurricane 飓风
	dry	Book5M6U11	cyclone 旋风
	wet	Book5M6U11	typhoon 台风
	动词：		whirlwind 龙卷风
	rain 下雨	Book5M6U11	gale 季节风
	snow 下雪	Book5M6U11	gust of wind 阵风
	shine 照耀	Book5M6U12	breeze 微风
	名词：		fog 浓雾
	rain 雨	Book5M6U11	dew 露水
	snow 雪	Book5M6U11	humidity 潮湿
	sun 阳光	Book5M6U11	freeze 冰冻
	wind 风	Book5M6U11	snowflake 雪花
	cloud 云	Book5M6U11	snowfall 降雪
			waterspout 水龙卷
			dead calm 风平浪静
			Indian summer 小阳春

Sentences

1. …is the best time for doing…
2. I don't like…and I don't like…either.

3. What's your favourite season? Why?
4. I like/love/prefer…/ My favourite season is …
5. What's the weather like in…? It's…
6. How is the weather like in…? It's…
7. What's the temperature in …? It's…
8. Which season do you like best ? Why?

Picture reading books

典范英语分级阅读：

The Snowman

其他绘本：

Seasons Changes
What Colours are Seasons?
Fun in the Summer
I Like Fall
Spring

Songs

Seasons in the Sun （Westlife）

Goodbye to you, my trusted friend.
We've known each other since we were nine or ten.
Together we've climbed hills and trees.
Learned of love and ABC's.
Skinned our hearts and skinned our knees.
Goodbye my friend, It's hard to die.
When all the birds are singing in the sky.
Now the spring is in the air.
Pretty girls are everywhere.
Think of me and I'll be there.

We had joy, we had fun, we had seasons in the sun.
But the hills that we climb were just seasons out of time.
Goodbye Papa, please pray for me.
I was the black sheep of the family.
You tried to teach me right from wrong.
Too much wine and too much song.
Wonder how I got along.
Goodbye Papa, it's hard to die.
When all the birds are singing in the sky.
Now that the spring is in the air.
Little children are everywhere.
When you see them I'll be there.
We had joy, we had fun, we had seasons in the sun.
But the wine and the song like the seasons have all gone.
We had joy, we had fun, we had seasons in the sun.
But the wine and the song like the seasons have all gone.
Goodbye Michelle, my little one.
You gave me love and helped me find the sun.
And every time that I was down.
You would always come around.
And get my feet back on the ground.
Goodbye Michelle, it's hard to die.
When all the birds are singing in the sky.
Now that the spring is in the air.
With the flowers everywhere.
I wish that we could both be there!
We had joy, we had fun, we had seasons in the sun.
But the hills that we climb were just seasons out of time.
We had joy, we had fun, we had seasons in the sun.
But the wine and the song like the seasons have all gone.
We had joy, we had fun, we had seasons in the sun.
But the wine and the song like the seasons have all gone.
We had joy, we had fun, we had seasons in the sun.
But the wine and the song like the seasons have all gone.

Worksheet

请你当小天气预报员，大声朗读下面四则天气预报，比比谁是最棒的小天气预报员：模仿电视台的天气预报，报道你喜欢的城市的天气和温度。

Weather Report 1:

Good morning, thanks for watching today's weather report. In England, today is a sunny day with wind, it's from 5℃ to 15 ℃. And it's getting colder. See you tomorrow and have a good day. Thank you!

Weather Report 2:

Hello! Here is Miss Lin's weather report. In Guangzhou, the highest temperature is 15℃ and the lowest temperature is 5℃. It's a sunny and windy day. See you at the same time tomorrow and have a nice day. You had better take more clothes tomorrow. Thanks!

Weather Report 3:

It's time for today's weather report. This is Jack. In Haikou, this morning is cloudy, but no rain today. In the afternoon it will be sunny. The temperature is from 28℃ to 30℃. It's a good day for swimming.

Have a good day! See you tomorrow!

Weather Report 4:

Welcome to the weather report. Today is May 25th. It's Friday. In Hong Kong, the weather is cloudy and hot. The temperature is between 29℃ and 33℃. Don't forget to take your umbrella. It's going to rain in the afternoon. Have a good day! Bye-bye.

先学小研究：Module 6 Weather

Name：_____ NO.：_____

每日一句英语谚语：（可以另附纸写或者打印出来，以供展示张贴）

_____

1. Brainstorming：（归纳写出有关季节活动的短语）

_____
_____
_____
_____
_____

2. Sentences Collection：Unit11 和 Unit12 中我们学习了很多关于天气的句子，请你完整地归纳出来。（至少写3个句式）

_____
_____
_____
_____
_____
_____

我提醒：_____

3. 错题收集整理，举例说明，避免同类错误。

_____
_____
_____

4. 根据自己的错题，出题考考同学们。

_____
_____
_____
_____
_____

先学小研究：Module 1 Seasons

请根据老师的模版，以"My Favourite Season in Guangzhou"为题目，完成下面的小短文。

My Favourite Season in Guangzhou

There are _____ seasons in Guangzhou.

My favourite season is _____.

It's from _____ to _____.

In this season, _____

_____

_____

I don't like _____

Because _____

_____

_____

Pupils' works

My Favourite Season

My favourite season is summer. It's hot in summer. It's often sunny. It is the best time for swimming. In summer, I can eat ice cream. I can swim. I can wear shorts or T-shirts. I can go on summer holiday. I like summer best.

My Favourite Season

My favourite season is winter. It's cold in winter. I can sit by the fire. It snows in some cold places. So I can make snowmen in winter. We must wear warm clothes. We can go sightseeing in winter. I like winter best.

Plays

What's your favourite season

Group 1 表演者：George, Edison, Helen

George: Look! All the people in the swimming pool. I like swimming and summer is the best time for swimming. So my favourite season is summer. What's your favourite season?

Helen: Winter. I was born in winter. When it snows, I can make a snowman and I can go skiing. Do you like winter, George?

George: I don't like summer and I don't like winter either. I like autumn. In autumn I can fly a kite.

Edison: I don't like summer, but I like eating ice cream, it is very good, I like it.

Group 2 表演者: Danny, Janet, Linda, Ben

Linda: My favourite season is spring, because I like flying kites and spring is the best time for flying kites. What's your favourite season, Ben?

Ben: My hobby is swimming. So summer is my favourite season. I often go swimming in summer holidays.

Danny: I don't like spring and I don't like summer, either. I like winter best. In winter, I can make a snowman. I like making snowmen. What about you, Janet?

Janet: I like autumn. Autumn is the best time for eating mooncakes. I like eating sweet.

Group 3 表演者: Xiaoling, Ben, Jiamin, Janet

Xiaoling: My favourite season is spring. Because in spring, I can see beautiful birds in the trees. We can plant flowers. And I can see many colourful flowers. Do you like spring, Ben?

Ben: I don't like spring. I prefer autumn. It's very windy and cool. I can fly a kite. And I can play outdoors. what about you, Jiamin?

Jiamin: I like swimming with my friends, and summer is the best time for swimming. And I can eat ice creams.

Xiaoling: Janet, and you?

Janet: I don't like spring and I don't like autumn either. I like winter best. In winter I can make snowmen.

Group 4 表演者: Jiamin, Janet, Amy, Ben, Xiaoling

Jiamin: Hello everyone! This is my cousin Amy. She is visiting me for the winter holiday.

Janet: I don't understand. It's May now, the middle of summer. How can you have a winter holiday?

Amy: I'm from New Zealand. Our winter is from April to June. So it is winter in New Zealand now.

Ben: I see now. When it is summer in China it is winter in New Zealand.

Xiaoling: What's winter like in New Zealand, Amy?

Amy: It's very cold, so we always go skiing and make a snowman.

Group 5 表演者: **Janet, Jessica, Ben, Richard**

There are four children in the park. They are talking about their favourite season.

Janet: Look at all the colourful leaves on the trees. When the wind blows on the trees, the leaves are dancing in the wind like beautiful butterflies. Also, there are lots of fruits in autumn and I love them so much. And the temperature is often from 12 degree to 20 degree. It is very comfortable in autumn. Do you like autumn, Jessica?

Jessica: Yes, I do. My favourite season is autumn, too. In autumn, I can fly a kite because it is usually very windy. And we can go camping. What's your favourite season, Ben?

Ben: I love winter because I can make snowmen when it snows. I visited Australia this summer holiday. When I arrived there, it was winter. I went skiing and had a lot of fun. What about you, Richard?

Richard: I like making snowmen but I don't like winter because it's too cold. I prefer summer much more than winter. In summer, I can enjoy the ice creams and I always go swimming with my friends in the swimming pool. And, I love wearing T-shirt and shorts in summer.

Group 6 表演者: **Ben, Reg, Jiamin, Xianling**

Ben: Hi, everyone! This is my cousin Reg. He is visiting me for winter holiday.

Xianling: I don't understand? It is July now, the middle of summer. How can you have a winter holiday?

Reg: I am from Australia. It is a very big and beautiful country. Our winter is from June to August, so it is winter in Australia.

Jiamin: I see now. When it is winter in Australia, it is summer in China. Do you like winter, Reg?

Reg: Yes, I do. In winter it's very cold. So we all wear warm coat. I usually go skiing with Ben.

Jiamin: I like winter, too. When it snows, I can make a snowman. What's your favourite season, Ben?

Ben: I love summer best. I love swimming and summer is the best time for swimming. I usually eat delicious and fresh ice creams. And I always have a summer holiday with my family. Do you like summer, Xianling?

Xianling: I like swimming but I don't like summer. I prefer spring. Because I can see some colourful flowers and lovely birds in the trees.

Janet: I don't like summer and I don't like winter, either. I love spring best. It is very windy and I can fly a kite with my friend.

个人简介

林惠好，毕业于华南师范大学英语教育专业。骏景小学英语高级教师，从事教学工作近二十年，教学经验丰富，辅导的学生在各项英语竞赛中取得优异成绩，获得各等奖项。坚持"以生为本"，在教学活动中充分渗透生本理念。"面向全体、兼顾两头"，坚持贯彻素质教育，采用多种方法手段激发学生学习英语的兴趣。近几年来，多次给生本研究中心组织的全国生本英语研习培训班提供示范课，得到了领导和听课老师们的认可和好评。

Stories

黄智彪

Vocabulary

分类	课内（教科版三年级起点2013）		拓展词汇	
verbs	win carry mean remember crash die pick up stop appear go for it happen（to）	Book8M1U1 Book8M1U1 Book8M1U1 Book8M1U1 Book8M1U2 Book8M1U2 Book8M1U2 Book8M1U2 Book8M1U2 Book8M1U2 Book8M1U2	sell 卖 beat 击打 dance 跳舞 speak 说 ask 问 write 写 walk 走 read 读 fly 飞 say, talk 说 drink 喝 sleep 睡觉 brush 刷 play 玩 see 看 borrow 借 worry 担心 love 爱 catch 抓住，赶上 take 拿起，带走 grow 成长，增长 change 改变 begin, start 开始 end, finish 结束 bite 咬 call 叫，打电话	buy 买 look 看 sing 唱歌 ride 骑 answer 回答 tap 拍 run 跑 study 学习 watch 观察，看 listen 听 agree 同意 eat 吃 swim 游泳 wash 洗 cook 烹饪 return 归还 think 想 jump 跳 keep 保持 last 持续 blow 击 check 检查

续上表

分类	课内（教科版三年级起点2013）	拓展词汇	
verbs		close 关 count 算账 cover 盖上，涉及 decorate 装饰 help 帮助 get 得到 make 制作，变成 serve 服务 show 表示，展示 turn 转 tell 告诉 check 检查 clean 打扫，弄干净 work 工作 drive 开车 dig 挖掘 pick 捡起 stand 站 sit 坐 travel 旅行 feel 感觉 break 打碎 plant 种植 mark 打分 hope 希望 prefer 宁愿，选择 dislike 不喜欢 learn 学到 do 做 meet 遇见 have 有	open 打开 cost 花费 cut 切 give 给 invite 发明 kill 杀死 need 需要 wait 等待 fall 摔倒 deliver 送 leave 离开 fill 填充 throw 扔 climb 爬 water 用水浇 move 移动 draw 画 enjoy 享受 prepare 准备 teach 教 dream 做梦 practice 练习 visit 拜访 feed 喂养

Sentences

1. What do you mean?
2. I/He/She was sure he would...
3. If..., you should be...
4. Be patient/ careful.
5. Don't be in such a hurry/ proud/ like him (her/them).
6. -ing...is...
7. He/ She/ We/ They had nothing to do.
8. Go for it.

Picture books

Afternoon on the Amazon
Dinosaur Eggs
Frog and Road All Year
The Case of the Missing Jelly Donut
Night of the Ninjas
Bravo Amelia Bedelia
Tales of Oliver Pig
Four on the Shore
The Long Way Westward
Amanda Pig and Her Best Friend Lollipop
Arthur's Honey Bear
Chang's Paper Pony

Songs

1. One, two, three, four, five（教科版教材，六年级下册 Unit1）

One, two, three, four, five.
Once I caught a fish alive.

Six, seven, eight, nine, ten.
Then I let it go again.
Why did you let it go?
Because it bit my finger so.
Which finger did it bite?
This little finger on the right.

2. Let It Go

演唱: Demi Lovato
Let it go, let it go
Can't hold it back anymore
Let it go, let it go
Turn my back and slam the door
The snow blows white on the mountain tonight
Not a footprint to be seen
A kingdom of isolation
And it looks like I'm the Queen
The wind is howling like the swirling storm inside
Couldn't keep it in,
Heaven knows I tried
Don't let them in, don't let them see
Be the good girl you always have to be
Conceal, don't feel
Don't let them know
Well, now they know
Let it go, let it go
Can't hold it back anymore
Let it go, let it go
Turn my back and slam the door
And here I stand and here I'll stay
Let it go, let it go
The cold never bothered me anyway
It's funny how some distance
Makes everything seem small

And the fears that once controlled me
Can't get to me at all
Up here in the cold thin air
I finally can breathe
I know I left a life behind
But I'm too relieved to grieve
Let it go, let it go
Can't hold it back anymore
Let it go, let it go
Turn my back and slam the door
And here I stand and here I'll stay
Let it go, let it go
The cold never bothered me anyway
Standing frozen in the life I've chosen
You won't find me
The past is all behind me
Buried in the snow
Let it go, let it go
Can't hold it back anymore
Let it go, let it go
Turn my back and slam the door
And here I stand and here I'll stay
Let it go, let it go
The cold never bothered me anyway
Here we stand
Let it go, let it go
Let it go

Worksheet

Stories

Class: _____   Name: _____

A. I read some books of this topic:
_____
_____
_____

B. Write some words you know:
Verbs: _____
_____
_____
_____
_____
_____

C. Write down a story you know and draw a picture for it.
_____
_____
_____
_____

D. Act out a dialogue you make with your classmates.

Plays

1. Three Times' Beating Baigujing

人物：T 唐僧 S 孙悟空 E 猪八戒 J 沙僧 B 白骨精 BB 白骨精的哥哥 V 旁白

V: This is Master. He is handsome.
V: This is Wukong. He is thin.
V: This is Bajie. He is fat.
V: This is Shaheshang. He is old.
V: This is Baigujing. She is beautiful.

V：This is Baigujing's brother. He is tall and strong.

V：Now, please enjoy!

T：Emitofo, do you know where we are now?

S：Bajie, map!

E：（摸出，递给 S）

S：Look, Master（凑近 T）…（T、S 一齐转向 E）

T：Bajie! How Many times I have told you, not to bring these cartoon books with you!

E：Oh, Master! Forgive me!（伸手拿回）

T：（使劲拍了一下 E 的手）I'll keep it for you until we reach the west.

E：But…

T：Emitofo, map?

E：（递）Here you are.

S：Fat pig!

E：Monkey, if you say these words again, I will, I will…

S：You will what（凶相）?

E：（软下来示好）I will help you catch fleas（跳蚤）for you.

S：Hm!（点头摸摸 E 的头）

T：（轻咳）Wukong, I am hungry. Could you get me some food?

E：You see, Master is hungry!

T：Bajie! Don't forget who ate my last meal one hour ago!

S：Yes, shut up, fat pig!

J：But Master, if a monster comes while monkey is away, we will die!

T：Em. It's a problem. Wukong, do you have any ideas?

S：No problem!（安装）（B 已躲在一旁偷看）

E：This is…?

S：Oh, this is spark ring. No monster can be close to you if you stay in it!

T：Em…Wukong, you become more and more clever! Knowledge is power!

S：Bye, Master.

T：Bye.

E：Go away, monkey!

S：（怒视 E，然后离去）

B：Help me, help me! I am dying!

T, E & J: Get out, you are a monster!

B:（露出真面目）You make me angry, I'll eat you! Oh, my god!

T, E & J: Ha, ha, she's dead. Thank you monkey!

BB: Ah, who kill my sister? Do you?

T, E & J:（点头，然后又指着圈圈摇头）

BB: Come here!

T, E&J: No, you come here!

（S 回来了拍拍 BB 的肩膀，一棍子向他的脑袋敲去）

S: Go to the hell, monster!

BB: Oh, no~!

V: Oh, Wukong save the team!（与 S 击掌）He is the hero! Now the play is over!

全体演员：Thank you very much!

2. The Fox and the Tiger

3. **The Red Little Riding Hood**

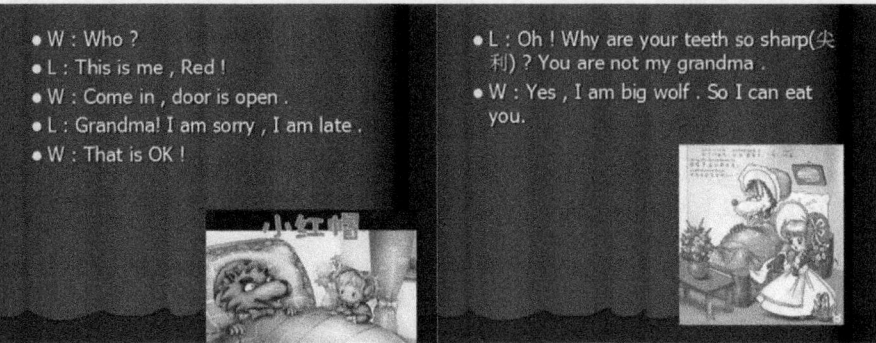

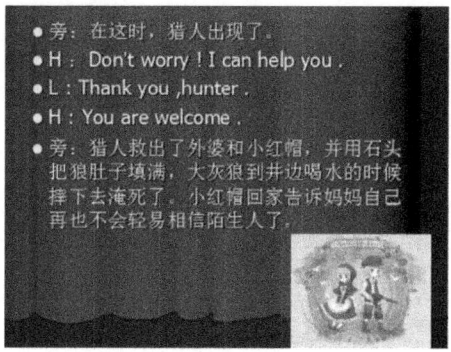

个人简介

黄智彪,男,1980年8月出生,小学英语高级教师,现任骏景小学英语学科科组长。2014年到梅州兴宁山区参加支教,并获得"天河区优秀教师"称号。多次承担天河区公开课,曾任天河区英语学科中心组、核心组成员。努力践行郭思乐教授提出的生本教学理念,用大阅读、大表演等方式提高学生学习的积极性,把课堂还给学生。公开课"At the week"在全国"一师一优课"赛课活动中,被评为广州市优秀课例。

Pets

张 瑜

Vocabulary

分类	课内（教科版三年级起点 2013）		拓展词汇
toys	toy	Book1 M5 U9	barbie 芭比娃娃
	ball	Book1 M5 U9	doll 布娃娃
	kite	Book1 M5 U9	teddy bear 泰迪熊
	ship	Book1 M5 U10	robot 机器人
	plane	Book1 M5 U10	blocks 积木
	car	Book1 M5 U10	peg-top 陀螺
	bus	Book1 M5 U10	yo-yo 悠悠球
	bike	Book1 M5 U10	pop gun 玩具枪
	boat	Book1 M5 U10	

Sentences

1. Is it a …? Yes, it is. ／No, it isn't.
2. It's …'s toy.
3. Show me your…
4. I have …

Picture books

外研社分级阅读：*The Big Cat*

其他绘本：*The Big Green Book*（by Dr. Seuss）

Songs

1. I have a toy bear（Book1M5U9）
2. 大赢家英语小学拼读王 Say it

P3

Nan has a cat, cat, cat.

Nan has a cat, cat, cat.

Nan has a cat, cat, cat.

Nan has a cat named Tab.

P7

On the hill, on the hill

Sits Bill, sits Bill

Is it Tim, is it Tim

With him, with him?

P22

There's a frog in a dress.

A dr…dr…dress!

There's a dog on a brick.

A br…br…brick!

There's a crab in a truck.

A tr…tr…truck!

Can this be, be, be

A tr…tr…trick?

P26

I have a duck

That brings me lunch.

Quack, quack（clap, clap）

Quack, quack（clap, clap）

He's green and black

With a shiny back.

Quack, quack（clap, clap）

Quack, quack（clap, clap）

Worksheet

1. 写出你知道的关于玩具的单词。
2. Writing and presentation：My toys. （描述你的玩具，并准备口头演讲，可配插图或照片。）

3. 小组改编课文并表演。

Pupils' work

Plays

English Reading card

The title of the book: <u>Polar Bears In Danger</u>

The author of this book: <u>Roberta edwards</u>

Book concern: <u>At the top of the world near the North Pole lies the Arctic Ocean.</u>

New words: ①layer ②nearly ③polar ④stands ⑤watches ⑥waiting ⑦knocks ⑧feasts ⑨hundred ⑩hamburgers ⑪weigh ⑫pounding ⑬reflecting

Words translation: ①层 ②卫生 ③极地的 ④站着 ⑤看 ⑥等候 ⑦敲打声 ⑧盛会 ⑨一百 ⑩汉堡包 ⑪知…的重量 ⑫重击 ⑬反射

Sentences that you like:
<u>Right away, the cubs are ready to play in the snow.</u>
<u>At birth, the cubs are tiny-no bigger than rats.</u>
<u>So the mother steps outside first.</u>
<u>They roll and tumble with their mother.</u>

Do you like the book? ♥♥♥♥♥

Parents evaluation: ★★★★☆

Teacher's comments: <u>Well Done!</u>

Your name: <u>Selina</u>　Class <u>3</u>　Date: <u>November 13</u>

4. 剧本创作：以讨论 Toys 为话题，自编对话，并在小组内表演。

小组成员：黄安琪，黄鸣鸣，陈楊，李炜彦，Tom 陈楊

角色分配：shop assistant: 黄鸣鸣 Jenna 李炜彦 Angel 黄安琪

剧本对话：

Angel: I have a new toy babbie.
Jenna: Wow! It's pretty! I love it!
Angel: Today is Tom's birthday.
Jenna: Let's buy a gift for Tom. Let's go to the toy store.
Shop assistant: Can I help you?
Jenna: Do you have a robot? How much is it?
Shop assistant: It's 200 yuan.
Jenna: It's expensive.
Shop assistant: How about a car? It's very nice.
Angel: Tom has a car. He likes Lego toys. Let's take it.
Jenna: OK. It's a good idea.
Jenna and Angel: Tom, happy birthday! This is a gift for you.
Tom: Oh, it's my favorite toy. It's very interesting. Let's play together!

个人简介

张瑜，教育英语专业，学士学位，英语专业八级，小学英语一级教师，参与英语教学工作近十年。在日常的教学工作中，善于运用儿童心理学和儿童教育学引导孩子乐于学习和高效率地学习。曾多次参与全国生本英语课堂大赛并荣获一等奖、特等奖等；应生本教育研究中心和当地教育部门邀请，曾先后前往北京、重庆、梅州、青岛、邯郸、韶关等地进行异地教学和交流指导。热爱英语教育事业，教学风格简洁大方，耐心温和。

第二部分
思想品德科组

《闻名于世的丝绸之路》说课稿

乐理明

尊敬的各位专家、评委：下午好！我是骏景小学《品德和社会》教师乐理明，今天我说课的内容是四年级下册《品德与社会》中的一课：《闻名于世的丝绸之路》。

一、主题背景分析

2013年9月和10月，中国国家主席习近平在出访中亚和东南亚国家期间，先后提出共建"丝绸之路经济带"和"21世纪海上丝绸之路"的重大倡议，得到国际社会高度关注，现在正在逐步落实变成现实。在教学本课时，教师可以对此内容进行适当的补充，将教材内容与社会生活紧密相连，使学生进一步了解丝绸之路在当代的重大意义。丝绸之路，东起我国的汉唐古都长安，向西一直延伸到罗马。这条路，承载了无数的骆驼与商旅；这条路，传播了东方的古老文化；这条路，沟通了东西方的友谊与文明，它是东西方文明交往的通道。今天，让我们穿越时空的阻隔，一起走近闻名于世的丝绸之路。

（设计理念：回归现实生活是品德教学的基本目标。教学活动应源于儿童的生活又高于生活。丝绸之路这一课题正好吻合了当前我们国家对外经济和文化发展的重大措施，我们不能回避，更要有意识与之联系，让学生通过对古丝绸之路的学习，更激发对新丝绸之路的向往，为激发其爱国之志、报国之愿奠定现实根基。）

二、教材分析

《闻名于世的丝绸之路》是北师大版《品德与社会》四年级下册教材第五单元《穿越时空的生活》第二主题《路在脚下延伸》中的一课。这一主题主要介绍了我国道路交通建设的辉煌成就。本课将视野延伸到我国古代的交通建设，其内容展现了历史上闻名的陆上"丝绸之路"和海上"丝绸之路"，帮助学生认识和了解中华民族悠久灿烂的历史文明，激发学生的爱国之情和民族自豪感。

三、学情分析

1. 四年级学生好奇心强，愿意主动关注、思考、探索社会历史现象和新鲜事物，但仍不够深刻；学校课堂在日常教学中注重培养学生的合作、探究和概括归纳能力，学生已经初步具备相关的研究能力，但仍有片面性；需要教师在教学过程中加以细致的指导。

2. 本校四年级学生普遍阅读面广，视野开阔，动手能力强，已经初步学会了如何使用地图。学生在一些历史书籍如《上下五千年》的阅读中，对丝绸之路已经有所了解，在语文课外阅读中知道"张骞通西域"的历史故事，这为本课的教学打下了很好的知识基础和情感积淀。

四、设计理念

《品德与社会》课程标准指出：品德教育的内容和形式必须贴近儿童的生活，反映儿童的需要，让他们从自己的世界出发，用自己的眼睛观察社会，用自己的心灵感受社会，用自己的方式研究社会。课程以儿童生活为基础，但并不是儿童生活的简单翻版，课程的教育意义在于对儿童生活的引导，用经过生活锤炼的有意义的内容教育儿童。因此，本堂课我主要着力于以下几点改变：

1. 全面把握课程目标，改变过去偏重知识学习，忽略能力、情感、态度、价值观培养的教学观念，通过多种教学活动，掌握必备的知识，提升学生的能力。

2. 善于调动和利用学生已有的经验，创设学习情境，灵活选用教学组织形式为学生的自主合作学习和生动活泼的发展提供充分的空间。

3. 充实教学内容，从教科书扩展到学生的整个生活空间，把教学内容与生活实际有机结合起来，同时关注社会新的发展和变化，增进课程内容的现实性和亲近感。

五、说教学目标

1. 知识与能力

（1）认识和了解历史上著名的陆上"丝绸之路"和海上"丝绸之路"。初步认识和了解源远流长的中华古代文明。

（2）能按照比例尺，在地图中测量出一段距离的实际长度，并能大致算出利用不同交通工具所需要的时长。

（3）让学生通过古代丝绸之路的学习拓展了解习近平主席提出的新丝绸之路的构想和现实意义，提出的共建"丝绸之路经济带"和"21世纪海上丝绸之路"重大倡议作为本堂课拓展了解的内容，以加强课程的时代性。

2. 过程与方法

（1）能够与同学们合作完成学习任务。愿意在学习活动中积极发表自己的认识和看法。

（2）学习在搜集和处理资料的过程中选用相关的、有价值的对象。

3. 情感、态度与价值观

（1）通过对丝绸之路的学习，萌发其爱国之心和民族自豪感，进而体会到社会的进步与发展。

（2）在各种学习活动的互动中，体会探究、比较、合作的价值，勤于思考，乐于与同学们共同分享学习。

六、说教学重难点

1. 帮助学生认识和了解历史上著名的陆上"丝绸之路"和海上"丝绸之路"。

2. 通过对丝绸之路的学习，帮助学生初步认识和了解源远流长的中华古代文明。

七、说教学准备

1. 说学具准备

每个小组准备一张世界地图、地球仪；每个学生准备一把尺子。

2. 说教具准备

教师也准备一张世界地图、一个地球仪以及有关丝绸之路的录影带，做好课堂展示的PPT。

3. 学生前置性准备

（1）教师发放先学小研究，说明本次活动的要求，学生分小组展开讨论，小组分工合作完成先学小研究作业（附后）。

（2）教师对小组合作进行引导，做到每个小组成员都有具体任务，包括资料搜集、课件制作、汇报形式和内容分配等。

八、说教法和学法

1. 《品德与社会》课程标准强调以儿童的现实生活为主要源泉，倡导学生的主动参与，强调寓教育于活动之中。基于以上认识，本节课我主要采用情境教学法、合作探究学习法、教少学多法，运用创设情境、多元化的体验、小组探究、视觉感受等方式。

2. 《品德与社会》课程标准指出："儿童是学习的主体，学生品德的形成和社会性发展是在各种活动中通过自身与外界的相互作用来实现的。"因此，我在教学过程中特别重视学法的指导，以生为本，让学生从机械的"学答"向"学问"转变，从"学会"向"会学"转变，成为真正的学习主人，在活动中体验，在动手操作的环境中做到师生交融、生生互动。指导学生通过对所收集资料进行甄别、整理、归纳，培养自主学习的能力，鼓励学生与小组同学合作完成学习任务。

九、说教学过程

课前小热身：

我们先来回忆一下语文课中学习过的王翰的《凉州词》"葡萄美酒夜光杯，欲饮琵琶马上催。醉卧沙场君莫笑，古来征战几人回。"（师生齐背诵）你们知道诗中的"葡萄美酒"和"夜光杯"在我国古代是通过怎样的路径由西域来到中原地区的吗？学生回答、老师板书：丝绸之路。

1. 创设情境

老师：同学们，上一课我们了解了我国四通八达的交通，今天我们将视野回溯到我国古代。接着播放小段《丝绸之路》纪录片，感受源远流长的中国古代文明。

（设计理念：爱因斯坦说过："兴趣是最好的老师"。课堂只有关注学生的需求，了解学生熟悉的"旧知"，用声情并茂的影片激发学习的兴趣，贴近学生的生活和学习的实际情况，才能在学生心中引起共鸣，才有可能达到预期的效果。）

2. 丝路探秘

"丝绸之路"有些同学可能通过广播电视、书籍杂志对它有所了解，课前老师也请同学们去搜集了有关"丝绸之路"的图片和文字材料，下面我们就分小组进行交流，小组内的每个同学都要把自己搜集到的图片和文字资料介绍给组内的其他同学，每个小组还要对这些资料进行归纳整理，选出一名同学作为小组代表发言。

3. 小组合作

小组同学共同学习教材 P47—P49 页，分工协作在地图上找一找，画一画：丝绸之路起点在哪里？主要经过哪些地方？先用红色笔标出地点，然后用黑色笔把路线连起来。

4. 汇报交流

教师在下面巡视每个小组的合作学习情况，掌握有代表性的主题（如：丝绸之路的路线、物产、图片、历史人物等），分小组上台进行汇报，其他同学在认真倾听后质疑、补充。在课前小研究性学习的基础上，学生们有备而来，在课堂上有重点地展示研究成果。

（设计理念：新课程标准多次强调，学生是课堂的主体，教师的作用是引导、启发和协助，在这个环节上，老师尽量教少，让学生学多。）

5. 小组探究（事先已进行研究的小组可以做小老师进行指导）

教师分发给每个小组一张地图，请学生在上面找一找丝绸之路的大致位置。在地图上任选一段丝绸之路作为测量对象，量一量这段丝绸之路在地图上的长度是多少；依据比例尺，换算出这段丝绸之路的实际长度是多少。

我们现在如果要重走丝绸之路，可乘什么交通工具？假如我们现在开汽车走丝绸之路，汽车每小时行80公里，请你算一算，需要多少时间？古人走完全长7000多公里的丝绸之路，靠的是什么交通工具？（古代马车和骆驼每天走100～200公里），你来算算，张骞等人在当时走完这条路，大约需要多长时间？

（设计理念：合作、探究、创新能力是新课程改革强调的需培养学生具备的关键能力，让同学们通过测量、计算、对比才能深切感受到古代交通的状况，体会到现代交通的快捷便利,激发学生的爱国情怀。)

6. 说说自己的收获

学生说说小组合作中的感悟体会,或者课堂中产生的感悟体会。老师对学生课前合作和课堂表现进行点评和表扬。

7. 师生一起总结,升华主题

(1) 古代"丝绸之路"的作用。它不仅是古代亚欧互通有无的商贸大道,还是促进亚欧各国和中国友好往来、沟通东西方文化的友谊之路。陆上"丝绸之路"和海上"丝绸之路"就像两条斑斓的彩带联系着中国和世界,它让中国和世界友好往来、互学互鉴。将中国文明带出去,把国外文明带进来。

(2) 当代"丝绸之路"的意义。在当代它依然有着重大的意义。习近平爷爷提到丝绸之路是历史留给我们的伟大财富,他还提出了"一带一路"的新畅想。同学们可以进行新的探索和研究。时间充裕的话可以拓展交流习爷爷倡导的21世纪"丝绸之路"等话题。

(3) 教师总结:对学生知识和能力的总结。(关注学生的闪光点,对学生的小组活动进行评价,鼓励学生通过合作学习的方式取得丰硕成果。)

十、说板书(PPT)

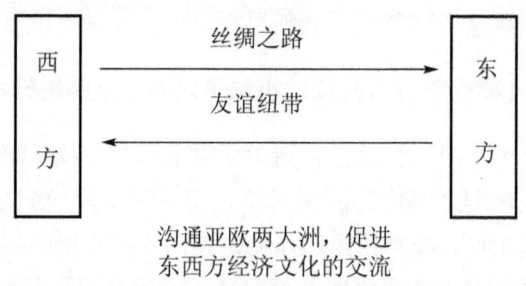

沟通亚欧两大洲,促进东西方经济文化的交流

(设计理念:教师通过现代教育技术,把课内和课外有关丝绸之路的历史、风景、人物、古老地图等内容通过PPT这种直观的形式展示和总结,让学生感受到技术与课堂教育的有机融合,又直观有效地感受到整个课堂的内涵,起到画龙点睛的效果。)

《闻名于世的丝绸之路》先学小研究

班级：_____ 姓名：_____

小组成员	
活动主题（三选一）	1. 搜集陆上"丝绸之路"的图片和文字资料：路线、物产、名人、历史意义等（ ） 2. 搜集海上"丝绸之路"的图片和文字资料：路线、物产、名人、历史意义等（ ） 3. 走丝绸之路：按照比例尺，在地图中测量出一段距离的实际长度，并能大致算出利用不同交通工具所需要的时长（ ）
小组汇报形式 （讲故事、朗诵、PPT展示、表演、绘图……）	
小组汇报内容	
小组汇报收获	

个人简介

乐理明,广州市天河区骏景小学校长,广州市优秀教师,曾荣立区政府三等功。1998年从湖北中学调入广州,在天河区三所不同地域和生源的学校担任过校长。所负责过的三所学校都被评为广州市一级学校和广州市特色学校。矢志不渝地坚持生本教育,用心营造校园文化,着力打造特色学校,努力创设学生快乐成长的育人氛围。在骏景小学提出了"以学生为本,为生命奠基"的办学理念,建设"花园、学园、乐园、家园、智园"的办学愿景,依托学生的自然天性,激扬生命活力,打造独具特色的生本骏景。

《秋天的发现》说课稿

王莉菡

一、说教材

《秋天的发现》是北师大版一年级《品德与生活》第三单元《美丽的秋天》中的内容。本课用儿童喜闻乐见的图画给学生展示了一个美丽的秋天。通过图片让学生感受秋天，了解在生活中发现秋天的方法，从中学习有关的自然现象和科学知识，培养自己的生活自理能力。又通过收获秋天，让学生知道原来秋天之美不仅在于风景，更在于收获，初步领会"一分耕耘，一分收获"的道理，从而歌颂秋天，歌颂辛勤劳动的农民伯伯们。

学习本课对低年级的学生了解季节，学习有关的自然现象、科学知识，掌握一些生活自理能力是很有必要的。教材通过画面给我们留下了想象的空间，课堂上利于教师灵活运用和把握。我们必须凭借教材鼓励学生用心灵去感悟自己身边的事物，用心去体会周围的一切。真正领会"一分耕耘，一分收获"的道理。

二、说教学目标

现在的大多数学生都是独生子女，衣食住行都由父母操心。因此，他们对生活常识、身边的自然现象等了解得很少，我针对以上学情确定了以下知识与技能、情感与态度、行为与习惯这三维目标。

知识与技能：通过观察、讨论、体验等活动，丰富学生的生活常识，了解与秋天有关的自然现象与科学知识。

情感与态度：通过欣赏秋天的景色，让学生走进秋天，感受秋天，从而激发学生热爱秋天、热爱自然的情感。

行为与习惯：通过对天气变化的观察，培养学生良好的生活习惯。

三、说教法学法

根据"自主、合作、探究"的学习方式，我准备在"寻找秋天的足迹""发现秋天"和"秋天的收获"中采用合作法和交流法进行教学，让学生在互助探究下共同完成。教师的教法将视学生学习的具体情况有所调整。

四、说教学过程及设计理念

内容用一课时来完成。

1. 初步感受秋天

让学生在欣赏了秋天的美丽图片后,很好地感受秋天,走进秋天,也为下一环节做好铺垫。

我们允许学生有多种猜想,鼓励学生说出自己的想法。此时学生的想法正是他们对自己生活的某种体验。

是啊!秋天已经悄悄地来到了我们的身边,就让我们一起走进秋天,一起去感受秋天吧!

2. 秋天的收获

在这一环节中,我主要通过讨论、交流等形式,让学生自主地来说、来做。
(1) 让学生通过小组和全班交流的方式展示自己了解的植物种子的知识。
(2) 让学生展示自己的树叶画作品并相互交流。
(3) 学生在画秋天中结束这门课。

《秋天的发现》小研究

班级:_____ 姓名:_____

一、我是观察小能手

观察自己身边的大自然,想一想秋天来了,身边的景色发生了什么变化?

二、收集、阅读和分享

（查找文字资料或者图片资料，可以摘抄或者粘贴，可以带上喜爱的植物种子给同学们展示。）

你知道哪些关于植物种子的知识（可以配合图片介绍某种植物种子的外表、大小、如何传播生长等）？请你找一种写在下面，和大家分享交流一下。

三、我是画画小高手

我能把美丽的秋天变成一幅美丽的图画，我要把它画下来（请给图画配上美丽的色彩）。

《秋天的发现》教学设计

教学目标：

1. 体会和发现秋天的乐趣，感受大自然的美。
2. 认识秋天，欣赏秋天的美。
3. 初步认识种子。

教学重点：

了解身边的秋天并搜集相关的信息、资料。

教学难点：

描述并找出不同的秋天果实。

教学用具：

秋天的果实、教学课件等。

活动准备：

老师：秋天景色的幻灯片。

学生：查找有关种子的资料，画秋天的图画，树叶画。

活动课时：

1课时。

具体活动过程：

1. 引入课题：同学们，这段时间你们是不是感觉天气和刚开学时不一样？为什么会这样呢？因为天气凉了，秋天来了！秋天是怎样一个季节呢？今天，我们就一起来观察、探索一下秋天这个季节。

2. 老师：秋天来了，我们身边的景色发生了什么变化呢？同学们之前在小研究中写下了自己的观察，下面我们来说一说吧。

3. 学生自由发言，谈自己的发现。

4. 幻灯片展示秋天的变化。（小结和过渡：秋天是金色的季节，秋天是收获的季节。我们不仅收获水果，还收获种子。同学们课前通过观察植物种子一定有了收获，下面我们来交流一下吧。）

（1）小组交流

（2）个别汇报

师：同学们了解的知识真丰富，秋天除了让我们收获种子，还让我们收获了乐趣。大家看，这是你们灵巧的小手制作出的树叶画，我们一起来欣赏一下。

5. 实物展示学生作品：树叶画。

6. 同学们，你们觉得秋天美吗？我们班有爱画画的孩子把自己心目中的美丽的秋天画下来了，我们来看看。

7. 学生展示画秋天的作品（实物投影展示）。

8. 老师总结板书设计：秋天的发现。

学生作品展示：秋天的发现

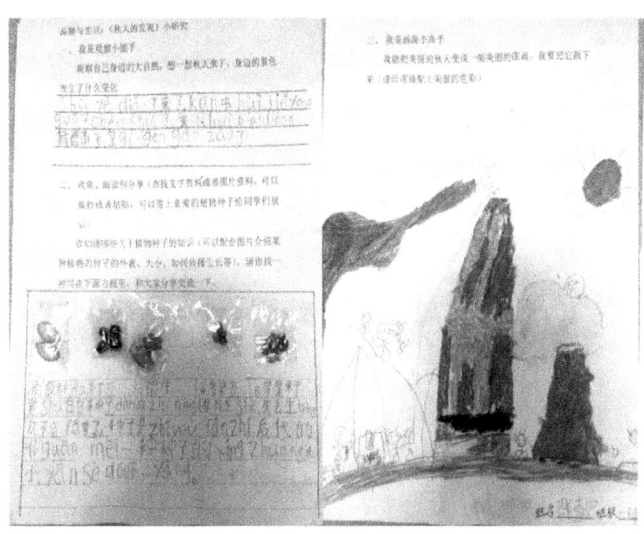
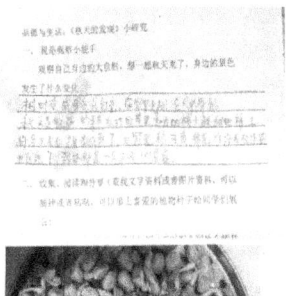
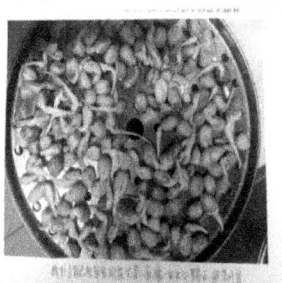

个人简介

王莉菡，女，小学语文一级教师。2003年毕业于广州大学汉语言文学小教专业，自2003年在广州市天河区骏景小学任教至今。现担任小学综合实践教学工作。

第三部分
综合实践科组

《关于食品安全调查研究》主题实践活动

郭淑珺

活动背景：

"民以食为天，食以安为先"。食品安全，受到全社会的关注和重视。但近几年来，问题食品严重危害了社会的稳定，损害了人民的健康。少年儿童正处于身心发展的关键时期，少年儿童的健康更加受到家长及全社会的重视，因此，有必要对学生进行食品安全教育。

我们开展《关于食品安全调查研究》主题实践活动，旨在让学生了解人们日常生活中食品安全的现状和造成这种现状的原因；让学生具备食品安全意识；初步了解和掌握辨别食品是否卫生、安全的基本方法；同时初步掌握收集、分析、处理信息的手段、方法。让学生能力得到提升，身心得到健康成长。

活动目标：

1. 知识与技能

（1）了解人们日常生活中食品安全的现状和造成这种现状的原因。
（2）让学生具备食品安全意识。
（3）初步了解和掌握辨别食品是否卫生、安全的基本方法。
（4）初步掌握收集、分析、处理信息的手段、方法。

2. 过程与方法

（1）通过体验式主题实践活动，切身体会食品安全的重要性，从而提高食品安全意识，养成良好的卫生习惯和饮食习惯，远离垃圾食品。
（2）利用网络、媒体等渠道收集相关资料、信息，并能够利用所掌握的信息技术完成对资料的处理。
（3）能够在教师指导下小组合作完成调研和访谈。

3. 情感、态度与价值观

（1）积极主动参与主题实践活动。
（2）在活动中与他人进行交往，具备团结协作的精神。

（3）开阔自身视野，能够正确看待社会问题并积极地参与，认识到作为社会的一员自身应承担的义务和责任。

活动时间： 四至六周

活动地点： 课室、校外、社区

《关于食品安全调查研究》主题确定课

活动目标：

1. **知识与技能**

（1）关注人们日常生活中食品安全的现状和造成这种现状的原因。
（2）初步掌握归纳、分析、总结信息的手段、方法。

2. **过程与方法**

（1）关注社会，关注食品安全的重要性，从而提高食品安全意识，养成良好的卫生习惯和饮食习惯。
（2）能够在教师指导下小组合作完成研究主题的确定。

3. **情感、态度与价值观**

（1）积极主动参与课堂学习活动。
（2）在活动中与他人进行交往，具备团结协作的精神。

活动时间： 1课时

活动地点： 课室

活动过程：

1. 请同学们打开书本 P13—24，第二单元，看完整章书，你认为哪个问题最值得研究，最感兴趣？
2. 学生看书，看后回答。
3. 老师根据学生的回答板书问题。

例如：（1）对食品感兴趣，食品问题值得研究；

（2）小学生做家务值得研究；

（3）研究艺术美食；

（4）研究方便美食；

（5）研究营养美食；

（6）研究如何做小当家等。

4. 师问：同学们提出的这些主题，可以进行归类吗？

5. 学生四人小组讨论如何归类。

6. 师生讨论归类：（1）研究食品；（2）研究小学生做家务。

7. 同学们，这两个研究主题，你选哪个？为什么？

8. 老师提示：要选有研究价值的，要紧密联系我们生活的，要有研究的可行性的。要选容易找到老师指导的，资料来源也比较多的，家长能大力支持的。

9. 学生举手表决：先研究食品这个主题。

10. 食品这个主题很大，我们可以再缩小研究范围，那么我们思考，在生活中，你最喜欢哪类食品？最关心哪类食品的安全问题？

11. 学生回答各种各样，老师和同学们一起筛选有研究价值的主题，最后统一观点，确立研究主题：关于自己喜欢的食品安全调查研究。

12. 老师总结：这个主题是同学们讨论得出的，和同学们的生活息息相关，课后，请大家思考，对这个主题，你可以从哪些方面进行研究？你有什么研究方向？请你在课后收集关于你感兴趣的食品安全的资料，以确定你自己下一步的研究方向。

13. 可以用哪些方法查找资料呢？学生回答：可以上网、可以观察、可以走访、可以访谈等，教师表扬鼓励，并且提醒可以在这个过程中拍些照片，做成PPT，可以录像，带到下节课来播放，可以做好记录，在课上做展示……

《关于食品安全调查研究》主题分解课

活动目标：

1. 知识与技能

（1）通过实践活动，学生能够具备食品安全常识。

（2）在实践中了解食品安全事件频发的原因。

2. 过程与方法

（1）在体验式主题实践活动中，学生通过网络、访谈等方法获取信息，处理信息。

（2）在与同伴交流中确立自己的研究方向。

（3）对食品安全现状有自己的分析与判断。

3. 情感、态度与价值观

（1）学生在活动中体会到食品安全对个体、社会、国家的重要程度。

（2）能正确地看待社会问题。

活动课时：1—2 课时

活动地点：课室

活动过程：

1. 上节课，同学们确立了《关于食品安全调查研究》的研究主题，课后老师让同学们收集资料，并思考你想从哪个方面进行研究，这节课我们就进行主题分解。

2. 同学们有思考、收集资料吗？请同学们说说自己收集的资料。

3. 同学们或者以个人或者以小组为单位汇报自己的资料与思考。学会做PPT，或者展示照片，或者实物投影资料等。

4. 教师引导：

（1）你能发现这个问题，真棒，你当时是怎么想到要查这方面的资料的？

（2）说说你知道这个情况时的感受。

（3）你是怎么发现这个问题的？

5. 同学们交流的资料真好，真多，那么我们将同学们的资料作梳理归纳：

（1）食品安全的现状；

（2）食品安全产生的原因；

（3）食品安全造成的后果；

（4）怎样避开垃圾食品的危害；

（5）食品安全的常识；

（6）小学生食品安全意识的调查。

6. 同学们，我们通过大家的汇报，归纳出食品安全的调查研究可以根据这些主题进行，你对哪种食品的这些主题最感兴趣，为什么？

7. 同学们根据自己感兴趣的课题进行分组，可以3～8人为一小组。请组员推选组长。根据选择的主题确立自己组的研究计划。怎样写研究计划呢，同学们先思考，下节课我们一起进行撰写。

《关于食品安全调查研究》活动策划课

活动目标：

1. **知识与能力**

（1）了解活动计划表的基本结构，学习制订活动计划表；为以后的综合实践活动积累制订计划的经验。
（2）知道做事要有计划，学会列举研究的目标。
（3）学会设计活动步骤，能从时间序列上安排研究活动的基本阶段。
（4）学生具备收集、处理、运用信息的能力，创新精神和时间能力。

2. **过程与方法**

分小组自主学习，合作学习。

3. **情感、态度与价值观**

（1）感受集体的力量，体验合作的快乐。
（2）具备积极参与活动的态度。

活动课时：1课时

活动地点：课室

活动过程：

1. 上节课，我们确立了各小组的研究主题，准备进行实践研究，为使研究有计划，我们要制定我们的研究计划，怎样制订自己组的研究计划呢？
2. 看投影，教师出示一份计划范例，让学生了解活动策划表的基本结构。

五年级"小学生家务劳动调查研究"综合实践活动计划

小组研究主题：小学生家务劳动时间少的原因调查	
小组组长	陈勇安
小组成员	沈浩、张艾莲、王骏驰、郭庚、石晓红
时间安排	**活动内容**
第一步	访谈小学生，做访谈简单记录
第二步	访谈家长，做访谈简单记录
第三步	做调查统计表格
第四步	在信息技术老师指导下，制作汇报展示的PPT。
研究成果的展示方式： 展示调查统计表格、PPT汇报	

3. 发空白计划的表格给每个小组。思考自己组的计划要怎么制订。

4. 小组讨论填写计划表格。

5. 请一个小组上台展示汇报自己小组的计划，全班交流提建议。

6. 请各小组继续商量制订操作性强的计划。教师巡视指导。

7. 同学们的计划都制订好了，你们设想一下，活动过程中，可能会遇到什么困难？我们可以怎么解决？

8. 各小组讨论，提出问题，师生商议问题的解决办法。

9. 教师总结：这节课，我们制订了活动计划，下课后，我们就根据计划表，组长组织好组员，开始进行我们的活动。

《关于食品安全调查研究》阶段交流课

活动目标：

1. **知识与技能**

（1）通过此次展示交流，学会资料的整理。
（2）初步了解人们日常生活中食品安全的现状和造成这种现状的原因。
（3）学生初步具备食品安全意识。

2. **过程与方法**

（1）通过展示，积累经验，解决困惑，为下一阶段研究做好准备。
（2）在回顾活动的过程中，再现过程，体味情感，形成一种真实的交流。

3. **情感、态度与价值观**

（1）能够在展示的过程中，学会互相欣赏、互相学习、互相借鉴。
（2）开阔自身视野，能够正确看待社会问题并积极地参与，认识到作为社会的一员自身应承担的义务和责任。

活动课时：2课时

活动地点：教室

活动过程：

1. **分组汇报前段活动成果，交流各组活动成果与情感体验。**

（1）引导学生采用丰富多彩的形式汇报前段研究成果。提醒：形式要多样，可以调查问卷、统计表、体验日记、照片、PPT汇报，可以口头汇报，可以编排节目等。
（2）引导多角度进行交流。提醒：要讲清楚是运用何种方法，如何取得的研究成果。
（3）引导学生充分交流活动中获得的成功体验，形成解决问题的能力，提升进一步研究的兴趣。

2. 组织学生互动，交流前段遇到的困难，反思活动的不足。

（1）引导学生反思活动方法的不足，进行方法的指导。
（2）引导学生反思活动准备的不足，提醒下阶段要做好更充分准备。

3. 进一步规范下阶段的活动方法和目标，突破困难，拓展延伸。

（1）引导学生梳理前段活动成果，得出初步结论。
（2）引导各小组针对困难和不足展开讨论，调整或制订下阶段研究计划。

《关于食品安全调查研究》总结交流课

活动目标：

1. 知识与技能

（1）通过此次展示，学会资料的整理。
（2）学生具备食品安全意识。
（3）初步了解和掌握辨别食品是否卫生、安全的基本方法。

2. 过程与方法

（1）通过展示，积累经验，寻找不足，为下一主题做好准备。
（2）在回顾活动的过程中，再现过程，体味情感，形成一种真实的交流。

3. 情感、态度与价值观

能够在展示的过程中，学会互相欣赏、互相学习、互相借鉴。

活动课时：2课时

活动地点：教室

活动过程：

1. 导入、揭题

师：民以食为天，食品安全关系千家万户，同学们对食品安全非常感兴趣，这一段时间都在进行有关食品安全的探究活动。同学们查找资料，实地访问，做了很多调查研究，收获了很多成果。今天这节课，我们进行《关于食品安全调查研究》探究成果的总结汇报交流。

2．回顾活动过程

用丰富的活动过程的照片、录像做成PPT，展示回顾整个主题探究活动过程。由两位同学根据PPT内容做回顾解说。

3．各小组分组汇报展示活动情况与成果

（1）零食组用实物展示，提醒购买零食时需注意安全标识、生产日期、配料成分、厂址电话等安全常识，并用"考考你"的提问方式及表演食品安全拍手歌等方式汇报研究成果。

（2）蔬菜组分工展示实地所做的调查、统计的调查分析数据、蔬菜安全建议书。

（3）水果组口头汇报了他们做的水果农药残留科学实验，编排了精彩的小品表演，小品中用水果惟妙惟肖的自述汇报水果安全知识。

（4）肉类组用知识问答方式展示研究成果。

（5）粮食组用PPT展示调查研究过程及收获，并用名言警句号召人们节约粮食。

（6）各小组在汇报成果中穿插说说自己在活动过程中有什么收获或者体会。

（7）汇报完毕后，其他小组与汇报小组交流。其他小组可提问，可点评。

4．教师总结

师：同学们汇报的形式多样，内容丰富，在汇报过程中小组分工合作，让我们看到了大家的研究成果非常丰富，也让我们知道了很多食品安全知识，我们的总结汇报交流到此告一段落。那么接下来我们的主题活动就结束了吗？不，还没有结束，我们还要进行关于食品安全的拓展延伸活动，比如我们可以把我们的研究成果——食品安全知识向全校同学做宣传，可以到小区里做宣传，等等，老师期待着同学们继续探究的丰硕成果！

《关于食品安全调查研究》
总结交流课教学反思

这节课，同学们全情投入，不同的小组以不同的形式汇报自己的研究成果，不论是汇报，还是交流，都非常热烈，收到较好的效果。反思此课取得好效果的原因，有如下三点：

一、尊重每一个学生的兴趣、爱好和特长。在食品安全的主题实践活动中，我们尽量做到尊重每一位孩子的兴趣爱好和特长，教师知道学生关心什么，对什么感兴趣，哪些是学生真正关心的问题或课题。我们的活动主题设计根植于学生的生活实践，适合小学生的年龄特点和能力水平。

二、在课上，我们可以看到，教师在努力成为一个倾听者和交往者，在关键的时候给予认可和激励，让孩子们在课堂上如鱼得水，天性得以充分发展，才能得以尽情展示。孩子们在汇报中既有分工，又有合作，互相评价，互相激励。老师的点拨指导是有效的，同伴的力量是巨大的，师生间、生生间交流通畅无障碍，非常有利于达成综合实践活动的重要目标之一——学生人际沟通交流合作能力的形成。

三、我们的活动过程，是综合性实践活动，并不是只由一个综合实践的任课老师作指导，而是取得各学科老师和家长的支持和配合，如，用电脑查找资料和制作PPT，就由信息技术老师来指导；做蔬菜水果农药残留实验，就由科学老师做指导；小组外出采访，由家长作安全保障等。各个力量形成合力，共同协助指导每一个小组根据自己的个性特长开展活动探究，因此，各小组的活动都能按计划顺利开展，都能从不同的角度切入对问题的探究，对食品安全问题都能得到有独创性的理解，得到的成果当然丰富多彩，在汇报成果时就胸有成竹，气氛热烈，效果非同一般了。

这节课的不足之处是，虽然孩子们的探究活动过程非常认真，做了很多有效的调查访问和数据收集，得到很多有用的资料和知识，切实提升了他们的综合能力，但在这节课上没有办法得到完全充分的展示。此外，汇报交流的形式还可以更加丰富多样。

《关于食品安全调查研究》
主题确定课小研究

班级：_____　　姓名：_____

一、你对食品安全的哪方面感兴趣？

二、你收集到的信息、资料：

三、你准备用什么方式汇报你的信息、资料。（口头汇报、照片展示、PPT、录像录音、读资料）

个人简介

郭淑珺，女，大学本科学历，小学语文高级教师，现任骏景小学副校长。曾获广州市优秀教师、天河区优秀教师、天河区三等功、天河区嘉奖等荣誉。现负责语文及综合实践学科教学及研究工作，是天河区综合实践学科教研核心组成员，执教的综合实践课例在广州市综合实践学科优课评比中获奖，在全国生本教育研习班中作展示。从教以来，参与了省级课题《建立适应新课程实施需要的小学管理制度研究》的研究，主持了区级课题《通过大阅读提高学生起步作文能力》的研究并结题，有近十篇论文及教学案例发表在《小学教学研究》《小学教学参考》等核心期刊及各级各类期刊。

综合实践活动《过年》案例

聂红梅

主题设想：

现在快接近新年了，大街上开始洋溢着过年的喜庆气息。我想为学生创造一个轻松愉快的氛围，开展这次活动，让学生通过了解春节的历史、文化、习俗，加深对民族传统文化的了解，了解过年是中华民族最隆重、最盛大的传统节日，也是每一个华夏儿女最期盼的日子。培养学生热爱生活，体会美好生活的情趣，激发学生的好奇心，动手和动脑设计创造出别出心裁的小制作来表达自己对节日的美好祝愿。

活动目标：

1. 体验过新年的快乐，激发学生的兴趣，培养学生观察生活的能力，热爱生活的情感。
2. 通过学生收集资料，开展探究性活动，了解与中国春节有关的历史、文化、习俗，感受民族传统文化的情趣。激发学生热爱生活的情感，让学生感受周围生活中的美好事物，从而体验到生活的乐趣。
3. 通过各种活动培养学生团结协作的精神，提高他们动手动脑的能力及创新能力。
4. 通过活动，培养学生对中国传统文化的热爱以及继承与发扬意识。

活动准备：

1. 收集有关春节的录像、图片、资料。
2. 准备彩色笔、油画棒、剪刀、胶水、双面胶、卡纸等用具。
3. 收集过年的物品，自己动手做一做。
4. 正逢春节，实实在在体验过新年。

活动年级：三年级

活动过程：过年前（上学期末）— 过年后（下学期刚开学）

过年前的教学流程（上学期末）

一、激趣导入，确定主题

1. 欣赏学生查找的资料——过年的精彩画面。

看完后，师生讨论观后感受，营造喜庆的气氛。

2. 让学生一边聆听着《过新年》这首歌，一边手拉手跳起了舞，让大家都融入到过新年的氛围中。此情此景搭起了师生间情感共鸣的第一个音符，为学生和老师之间的沟通架起了第一座桥梁。

音乐停止，老师问：同学们喜欢过新年吗？为什么喜欢过年？

生：过新年时，我们家总会布置得很漂亮，有好吃的，好玩的，有新衣服穿，到处都很热闹，会贴对联、"福"字、窗花……

3. 引导学生回忆过年的情景，谈谈自己的所见所闻所感。

师问：你们是怎么过新年的呢？

生：吃年饭、走亲戚、看花灯、收压岁钱、互送贺卡等。

引导学生谈过新年发生的有趣事情，引导学生通过故事、表演等形式来描述。学生们纷纷上台讲述自己过年的情景以及过年的民俗活动。

（在这个活动中，我注意观察他们情感的流露，并鼓励学生带着自己的真情实感，大声自信地传递给别人。这个活动让学生重拾美好的回忆，感受到生活的乐趣，还从中了解到本地的风俗人情。）

4. 确立主题。

师说：既然同学们这么喜欢过年，那我们就来研究过新年（板书：过年）。

生：过年总是那么的快乐，我们笑得最开心，玩得最痛快。

生：我们都认为春节是个快乐的节日，所以应加上"快乐"。

师：那好，让我们一起快快乐乐地来过一次新年。

二、确定主题具体分工

1. 自由分组。一共分为十个小组，每组4人，例：组1上网查找有关过新年的历史、风俗习惯资料，采访调查周围人的过年体验。

2. 调查有关警察叔叔和军人过年的情景，制作过新年的手抄报、祝福贺卡，查找有关各国和各民族过年的资料和文化。

学生采用的研究方法：查阅资料、采访调查、设计、绘画等。

成果展示的方法：在学校班级展示、汇报。

三、成果交流汇报

1. 交流实践中获取的信息和资料

（1）师：通过这次实践活动，同学们的收获可真不少，把自己收集到的资料与小组内的同学一起先交流一下。

生：小组里的成员把资料拿出来一起共享，讨论交流自己如何获取资料的信息，比如网上搜索的网址、哪部书……

（2）小组汇报（老师要求学生要注意倾听发言）

2. 汇报收集的资料

（1）小组汇报了有关"年的传说""福"字为何倒贴、春节的传说；
（2）小组讲了腊八粥故事、唱了过年的童谣；
（3）小组汇报了过年的习俗；
（4）小组汇报了各国和各民族过年的不同情景等；

学生当场展示，采用介绍、小报、诗歌朗诵、小品、舞蹈、图片解说等方法，同学们十分感兴趣，还跟着学唱起了童谣。

学生们把资料集合起来，就有很多。这时学生就提出了自己的经验：资源可共享。在收集资料的同时留心两个方面的活动主题，再互相交换资料，这样就可获取更多的知识。

师：一个人的力量小，集体的力量大。让我们把各自的研究成果汇集起来，一起共享。

（5）小组汇报了采访调查的情况。

有的小组采访了爷爷奶奶以前过年的情景，有的小组采访叔叔阿姨，有的采访警察叔叔，有的采访军人……

让大家体会到爷爷奶奶以前那个时代过年的不一般，各行各业的人们过年的不同体验，如军人叔叔有时无法回家过年时，在部队是如何过年的情景。激发学生探究生活的兴趣，让学生感受新年的不一般，以及不同的地方风土人情，不同地方的人们是用什么特别的方式来庆祝的，并从中感受过年的意义和喜气洋洋的场面。

3. 讨论交流

师问：农村的春节和我们城市的春节有什么不同的内容吗？
生答：在农村会放鞭炮、逛庙会、舞龙、舞狮表演……

师问：除了这些，我们周围环境有什么变化呢？

生答：张灯结彩、贴对联或"福"字、贴窗花、挂灯笼，农村还贴年画、门神等。比如，在说春节的习俗时，可以带上对联和年画来展示一下。

四、拓展延伸

过年的方式是多种多样的，那人们会用什么来装饰自己的家呢？

1. 让学生把自己收集带来的与过年有关的物品，分小组展示。

学生上台展示，介绍物品的名称、来历、用途或与物品相关的过年情景。如窗花、对联、年画、贺岁片、中国结、过年的图片、灯笼等。人们过年时为了全家人能够快快乐乐过个好年，创造出如此多别出心裁的装饰品来布置自己的家。让我们也动动手，动动脑，一起来设计和制作别出心裁的装饰品来布置我们班这个家，设计活动来快快乐乐地过一个新年。小组成员一起策划，设计制作。学生们把自己带来的物品拿出，开始热火朝天地干起来。同学们有的做起了一串串纸鞭炮，有的剪起各式各样的窗花，有的做起小灯笼，有的带来红纸写起对联来，还有的折千纸鹤、星星，有的编中国结，有的制作贺卡……

他们运用以往学过的知识，再加上自己的新想法，利用自己的特长创造出别出心裁的各种装饰品和小礼物。学生把这些装扮在我们的教室里，三年三班到处洋溢着过年的气氛。学生们十分兴奋，一起策划，一起合作布置教室，是那么的开心，看着他们的成果是那么的自豪。不一会儿，窗户上贴满了五颜六色、各式各样的窗花，还有一串串的千纸鹤和星星，墙上倒贴的"福"字，悬挂着的中国结和小灯笼，两边门上那红红火火的对联……位置还不够就贴在后面的展板上，这一切让教室顿时焕然一新、喜气洋洋。

2. 在教室里共同体验过年的气氛。

（1）布置得如此漂亮的教室，充满了喜庆的气氛，孩子们脸上洋溢着劳动的快乐，心里激荡着过年的喜悦，我播放了《过新年》等歌曲，唱了一首又一首，孩子们学习的热情十分高涨。

（2）有的小组跳起了舞，有的小组讲小品、故事，有的小组设计造型表演自己喜欢的角色。他们精彩的演出，让整个班级都洋溢着喜庆的气氛。

（3）说拜年的话：以小组为单位设计一两句拜年的话，祝老师和同学过年好。

五、活动总结

同学们在这次主题活动中一定受益匪浅，有很多的感悟。这次活动开展得有声有色，同学们展示出了你们的聪明才智。在活动中你们品尝到了劳动的艰辛，同时也享受到成功的快乐。希望你们在今后的活动中创造出更优秀的成绩来，让我们一起努力吧！

过年后的教学流程（下学期刚开学）

一、由课前背古诗比赛导入新课

二、从诗题"元日"入手，谈谈你对刚过去的春节的印象

学生自由汇报，全班交流。

三、由话题"春节"进行汇报

通过查找资料及实实在在体验过新年，你弄懂了过年的哪些常识？由此，你又联想到了什么？（如：诗歌，春节习俗的传说故事……）

学生小组交流——全班交流汇报（小组汇报交流，鼓励学生采用多种形式进行汇报，大胆创新，内容力求新颖别致）。

四、师出示春节习俗课件总结以上内容（课件附后）

五、师生送春联和新年祝福语给喜欢的人

（借机了解春联的知识，继承发扬传统文化）

六、全班交流活动收获

1. 学生通过活动更多地了解了有关过年的知识。
2. 形成了一定的访问、查找、搜集、整理信息的能力。
3. 能将自己的活动成果以新颖的方式向更多的人展示。
4. 社交能力及综合实践活动能力得到了一定的发展。
5. 通过活动，对所获得的成果有喜悦感、成就感，感受与别人协作的乐趣，团结合作意识得到了增强。

七、拓展与延伸

1. 指导学生讨论过年给人们带来了什么，其中也有负面的影响。
2. 说说自己的想法并以合理的形式向人们提出建议。

（六、七环节放在下一课时）

附教学实录

课前三分钟小组赛诗（胜利组、勇敢组、科学组、快乐组、好学组），小主持总结。

师生问好。

师：两位小主持没有难倒你们，同学们的记忆力真好，背了这么多古诗！今天我们继续来学习一首新的古诗"元日"。（生齐读诗题）（生情不自禁诵读出整首诗，师表扬其先学做得好。）

师:"元日"是什么日子?

生1:农历正月初一,就是春节。(掌声)

师:提到春节,同学们一定很开心,因为你们才刚刚过完春节,印象很深刻,谁先来谈谈?(生踊跃举手)掌声有请自信的林树臻。

林:我对春节的深刻印象是家家户户贴春联,大人给小孩红包……

生2:春节到处充满喜气洋洋的气息,买鲜花、买金橘,象征来年大吉大利,大年三十放烟花、看春晚……

生3:我回老家过年非常开心,还知道了老家的习俗:年三十大扫除、贴春联、沐浴、守岁到凌晨三点拜神、放鞭炮、拿利是……

师:你的春节过得真是丰富多彩!

生4:我也是回老家过年,看到街上人来人往,买年货、走亲访友,真是热闹非凡!一家人吃年夜饭、看春晚,感受到无限的快乐和大家庭的爱,正如那句话"爱能使地球振动"!

师:老师已感受到你们家的快乐!

生5:我对春节的印象是:唱歌、吃大餐、拿利是、放烟花、玩游戏……

师:哇!真是太丰富了!收获很多。

生6:我的春节是和好朋友扬子哥哥一起过的,分别时很伤心,古人说得好"月有阴晴圆缺,人有悲欢离合",我希望我们不久还会见面。

生7:我印象最深的是春节时学单车,我骑得飞快,突然有一辆车经过,"嗖"的一声就不见了,当时我吓了一跳……

师:真惊险啊!你还学会了一样本领,但一定要注意安全啊!谢谢你们让老师再次感受到春节的快乐、幸福,而且多姿多彩!一千多年前,大诗人王安石也写了一首春节的诗(生齐说"元日"),当时他那个年代的春节又是怎样的呢?请同学们再次诵读欣赏一下。

(学生自由诵读)

师:提醒孩子们可以摇头晃脑地读出诗歌的韵律与节奏。

(生摇头晃脑地读)

师:看来你们真被诗中的春节景象陶醉了,读得非常美!"书读百遍,其义自见",你们弄懂了诗歌的哪些地方呢?由此联想到了什么?

(生积极举手,师表扬生自信,提醒先在小组内说一说)

全班交流汇报:

生1:我弄懂了这首诗的作者王安石(介绍……他提出变法的主张、改革旧制度)

生2:生1刚刚讲了这首诗的作者,我想补充一下这首诗的意思……

生3：前面的同学讲得都很好，不过我还想补充一下生1和生2的，我了解了诗中春节的习俗：放鞭炮、贴春联，春节的由来，年的传说……

师：你了解了春节的习俗，很好，谁来补充？

生4：我讲我的老家蒙古族春节习俗……

师：你的资料真好，不同民族，不同习俗，谢谢你。春节是我们中华民族特别是汉族的传统节日，一些少数民族也以特别的形式在庆祝。

生5：我补充我老家壮族的春节习俗……

生6：我也弄懂了作者王安石，他是"唐宋八大家"之一……我还联想到他的另外一首诗"梅花"（背……其他同学也跟着背），我还知道一些乡村是怎样过春节的，整天放大串的鞭炮，搞得我晚上都无法睡觉，不太好。另外，我还想补充一下生1的，他说王安石是江西的，可我查找的资料说他是山东的，谢谢大家！

师：谢谢生6给我们带来这么多知识！还要学习他这种探究的精神，有自己的观点，今晚同学们回去继续查找资料，看谁是谁非。请继续，我把时间交给生7。

生7：我还想补充一下生1的，作者写这首诗的背景是……他写诗的风格……

师：生7不仅会补充别人，还理解了作者写诗是在他主张变法的时候（师旨在提示此诗的深刻寓意）。

生8：生7刚刚讲得真好，我也想补充他一下，再讲讲诗意……由此，我联想到他写的"泊船瓜洲"（背诗句）。

师：你再次让我们理解了诗意，相信大家一定都弄懂了。

生9：同学们的发言让我想到了一首春节的诗"除夜"（读……）。

生10："除夜"还有一首（读……）。我还想把"元日"这首诗中的一些词语意思讲给大家听（生10讲了爆竹、瞳瞳日、桃符、一岁除的意思），还有一个，我还了解"泊船瓜洲"这首诗的意思（讲了诗意），还讲了"一水"指……"京口"指……"瓜州"指……

（因为生踊跃积极，为了节约时间，让更多的同学有机会发言，师灵机一动请小组上台汇报）。

组1：汇报包饺子的体验，了解常用饺子馅的配料方法。

和面。把适量的面粉放入盆里，边加水边搅拌，拌匀后，用手将这些面揉到一起，使用揉、揣等手法使面团更均匀。

拌馅。以"猪肉白菜馅"为例。将肥瘦适宜的猪肉剁碎，放在碗里，倒入适量的花椒水，目的是让猪肉去腥提鲜。把白菜也剁细，放在容器中，用手将白菜团起，挤压出水分。然后将白菜、猪肉混合，放入拌过香油的葱花、姜、花生油等调味品。

擀皮。把已经醒好的面揉好，搓成粗长条，用刀切成一个个小块，再把切好的小面块在干面粉里滚一下，按成一个个小圆饼。把小面饼放在面棍下，一手滚动擀面棍，另一只手拽着面饼转动，使它成为一个面片。擀皮时双手用力要均匀，使面片中间厚、四周薄。

包饺子。用宽竹片或筷子挑起适量的馅，放在饺子皮的中间。将饺子皮对折，捏上几个褶，最后将边缘用手指压实。

组2：补充灌汤包是非常美味可口的一种食品，它的做法与饺子有相似之处。

组3：补充春节由来与传说。

形式如编写小报，讲述传说，曲艺形式等。

组4：春节习俗。

交流资料，制作中国结、对联、窗花等。该组成员走街串巷，来到各大商场、超市进行现场调查、采访，了解春节前后最受人们欢迎的春节饰品，如中国结、红灯笼、对联、窗花、大红"福"字、鞭炮，在调查中，同学们还学会了剪窗花、制作灯笼，培养了动手能力。

生1：下面由我们小组给大家分享一下春节习俗的由来，有请……给大家介绍一下。

生2：讲了贴春联、贴窗花、倒贴"福"字、戴脸谱的由来和意义。

生3：刚才生2讲得好……我也毫不逊色，讲张仲景泡药酒的故事（师借机点出张仲景是医圣，屠苏酒的由来），下面的学生补充屠苏酒的功能。

生4：讲熬夜守岁的由来（生插话前面已讲过，师指出传说版本不同）。

生5：前面的同学讲得都很精彩，我也想和大家分享一下拜年的习俗由来和意义……我们小组汇报完毕，谢谢大家。（敬礼）（掌声）

下面的生积极补充：车上挂金桔，吉祥！我还知道第一组……说的王维的其他诗"鹿柴"（背……其他学生补充指出"柴"读 zhài 而不是 chái）。

师：谢谢同学们！中国五千年的文化源远流长，我们三天三夜也说不完道不尽，短短四十分钟不足挂齿（此时有生抢说，老师今天像过春节一样，穿着红衣服，师说是高兴）。老师把你们所讲的都配了一幅画，想给你们一个惊喜。

（课件出示图）祭灶（春节的序幕）——门神——春联——倒贴"福"字——除夕夜、团年饭——接财神。

组5：春节食品组。

介绍春节期间人们的购物情况。饺子、汤圆一类的食品图片。

该组成员在组长的带领下,到食品批发市场、各大超市,了解春节期间人们的购物情况。其中,最让他们关注的是饺子、汤圆一类的食品,他们拍摄不同品种的饺子、汤圆,品尝它们的味道,干得特别带劲。从实物到图片、文字,最后到亲自动手包饺子、搓汤圆,从中感受到活动的无限乐趣。

组6:汇报查找的描写春节的诗词、文章、词语、句子或其他传统节日的诗(元宵、清明、端午、中秋、重阳等),弘扬传统文化。

生1:大家好,由我们小组给大家汇报,先请……与我们交流。

生2:由本课我联想到元宵节的诗,读……讲出诗意。

生3:由本课我联想到清明节的诗"清明",背……讲诗意,讲清明节的习俗。

生4:由本课我联想到重阳节的诗"九月九日忆山东兄弟",齐背……讲诗意。

生1:前面几位同学讲的是中国传统节日的诗,我给大家讲的是一首描写中秋节的词"水调歌头",读……讲词表达的意思、情感。我们小组就汇报到这里,谢谢大家。

师:组6汇报的知识非常丰富,不仅会读背诗,还知道意思,很了不起。是的,中国传统节日形式多样,几千年来,无数的文人墨客谱写了许多脍炙人口的佳作,有的是千古绝唱。非常感谢这个小组。

师:虽然我们要不断学习新的科学知识,但是我们的传统文化也要继承发扬,老师知道你们已做好了春联,年画等,谁先给我们分享一下?

组7:大拜年组。

调查人们拜年的习俗,搜集拜年的吉祥用语,给大家展示精彩的对联,贴春联,送上全组同学对大家新年诚挚的祝福。

生1:读"书山有路勤为径,学海无涯苦作舟"。我把这幅春联送给我的爸爸妈妈,祝福他们……(贴在黑板上)

师:你希望爸爸妈妈活到老学到老!

生2:我把"学业进步"送给同学,"新春大吉"送给大家,祝老师们青春美丽!

师:老师太开心了!

生3:读春联……(师借机提醒先读上联)祝福老师们桃李满天下……带着我们驶向知识的海洋,谢谢您,老师!祝福您新年快乐!

师:老师谢谢你!

生4:读:上联是……下联是……还有横批"年年有余",送给爸爸妈妈……(师借机提醒上联贴在右边,下联贴在左边)。

师：真是有孝心的好儿子！
生5：亲手绘制的三个不同图案的福字，分别代表……送给爸爸妈妈。
生6：倒贴福字，送给在场的所有老师，吉祥如意！
生8：读对联……祝在场的同学、爸爸妈妈、所有的家长财源广进！
生9：剪纸（虎）因为妈妈属虎，所以代表妈妈，祝妈妈牛气冲天！
师：我真羡慕你妈妈！
生10：读春联……（春联中带有师名"红梅"，一生发现了并指出其上下联位置颠倒了）祝福在场的老师、家长，祝福同学天天向上，万象更新！
师：谢谢同学们的真诚祝愿！老师也借此机会献上两幅春联，一幅送给我们的骏景小学（师自创的），出示：春回大地骏景笑，福满校园师生欢，横联是：欢聚一堂（生齐读）；另一幅是：新春富贵年年好，佳岁平安步步高，横联是：其乐融融；（师在别人的对联上加了横联，修改出来的）。我祝福在场的各位来宾一年比一年过得好，永远与微笑相伴，聪明、可爱、积极的三年三班孩子们健康快乐地成长！谢谢你们，今天的课就上到这里。

课后反思：

孩子们精彩无限，我为他们的表现而自豪，因三年三班而骄傲！美中不足的是最后一环节"送春联、送祝福"没有全部送出去，如果老师让还没有送的同学一齐走下去送给想送的人则更加完美无瑕，就不会因为节约时间让一部分同学准备好了没有机会展示而留下遗憾。总之，每一节课都有一点缺憾的美吧！

"过年后"的先学实践作业

班级：_____　　姓名：_____

一、谈谈你对刚过去的春节的印象。

二、通过查找资料及实实在在体验过新年，你弄懂了哪些过年的常识？由此，你又联想到了什么？（如：诗歌，春节习俗的传说故事……）

三、查找描写春节的诗词、文章、词语、句子或其他传统节日的诗。(元宵、清明、端午、中秋、重阳等)(各一首,能了解其大意,熟读或背诵)

四、写一幅春联和几句新年祝福语,送给亲人、朋友。(了解春联的知识)

个人简介

聂红梅老师,从事中小学语文、综合实践科及班主任工作近20年,参加生本实验课题近14年。曾荣获天河区青年教师基本功大赛三等奖,天河区首届生本实验语文课堂教学比赛一等奖。综合实践课例获市优秀,天河区教育教学两次年度嘉奖,立三等功。多次被评为天河区优秀辅导员、班主任,广州市优秀辅导员、班主任等。

第四部分
科学科组

《我们的身体》教学案例
——四年级科学 在体验和模拟中发现人体精密、和谐之美

黎 雁

一、我的教学理念

人是具有自组织性和自适应性的生物体。自组织性体现在个人生理和心理上的自发、自主的一面，从而使个体具有主观能动性。而应对外部变化的环境所主动进行的自我反应和调整，并试图将一切都转化为于己有利的这种自适应性，是人的本能。学生的自发、自主意识高涨，好奇心强烈，只有充分发挥学生的自组织性和自适应性，高度尊重学生，全面依靠学生，才有可能激发学生学习的意愿，进行主动、探究的学习，提高其科学素养。

"学起于思，思起于疑"，问题是思维的起点，也是学习的动力。美国心理学家、哈佛大学教授布鲁纳认为：应当尽可能使学生牢固掌握科学内容，还应当尽可能使学生成为自主且自动的思想家。这就要求学生在学习过程中，能像科学家那样亲自去发现问题的结论、规律，成为一个"发现者"。学生以已有的知识、生活经验为基础，对问题展开调查、分析，探讨和寻求解决的方法策略，从中领悟科学的思维和探究的方法，从而激发求知欲和研究热情，成为积极主动的学习探索者。

生本科学备课要以问题引领、实验探究为根本，使学生在亲历提出问题、获取信息、寻找证据、检验假设、发现规律等过程中习得知识，养成理性思维的习惯，形成积极的科学态度，发展终身学习的能力。

二、我的教学实录

（一）《我们的身体》前置小研究

（1）请以学习小组为单位，选择一组感兴趣的器官进行研究：
①运动类：骨骼、关节和肌肉
②呼吸类：鼻腔、气管和肺
③循环类：心脏和血管
④消化类：口腔、食道、胃、小肠、大肠
⑤其他

通过搜集资料和小组分工，完成以下任务：

小组任务	要求
（1）制作出一份该类器官的平面示意图或模型	图像不能太小，便于展示
	选用材料要耐用，便于存放，能体现器官的特点
	模型上要有明确指示器官位置和结构的标签，最好有文字简单介绍功能
（2）研究器官是怎样工作的	体验、模拟该类器官功能的活动 搜集关于器官的形状、作用的资料
（3）知识扩展	搜集关于该类器官的有趣知识以及怎样在日常生活中保护器官

课堂上展示汇报，小组角色分工如下：

成员①介绍制作的材料、谈谈制作过程（遇到的问题以及如何解决问题）。

成员②讲解器官的形状、作用。

成员③联系生活，谈谈关于这些器官的有趣知识以及怎样保护这些器官。

成员④主持人。组织开场和总结，设计提问或小游戏，邀请同学进行回答和互动。

（2）才艺展示小组：编写小品剧本，排练节目。

（3）个人小研究：对人体部分器官的联系进行研究：

①选择人体部分器官，制作一张手抄报表示出它们的作用和相互关系。

②要求：用图画展示器官的轮廓，用文字简单介绍器官的功能，用线条和箭头表示器官之间的联系和影响。

（二）课堂实录

片段一：研究消化类器官的学习小组汇报

生1：食物在体内的旅行，要经过不同的"站点"，这些"站点"代表的是体内不同的消化器官。接下来我们小组将为大家介绍食物在体内的旅行地图。

生2：首先，我们小组提前制作了各个消化器官的平面模型和一个人体轮廓图。下面邀请一位同学来认认这些消化器官，请分别说出它们的名字，并且把各种消化器官的模型按照正确的顺序粘贴到以下人体轮廓中,哪位同学想来试一试呢?

生3:我认为又细又长,形状比较直的是食道;形状像个袋子的是胃;比较短的是小肠,比较长的是大肠。我认为食物经过这些消化器官的顺序是从口腔开始,到食道,到胃,再到小肠,最后到大肠。

生4:我有不同的意见。我认为要区分小肠和大肠不是根据它们的长短。我认为比较长,但是形状弯弯曲曲的是小肠;比较短,但粗的是大肠。

生2:你是正确的,细而长的是小肠,弯弯曲曲的小肠有5至7米长。

生5:我想对你们制作的模型提点建议。我曾经看过人体的内脏图片,小肠和大肠的位置关系并不是上下关系的,大肠也是弯曲的,但是包围在小肠外面。

生1:谢谢你的建议,我们会改进。

生2:那食物在口腔和食道会发生怎样的变化呢?

生6:口腔中的牙齿能切碎食物,舌头帮助搅拌。我们小组研究的也是消化器官,我们搜集资料发现,舌头上有丰富的乳头突起使我们感受甜、酸、苦、辣等味道。

生7:我想起了,咀嚼白米饭的时候,口里慢慢会变甜。其中有什么奥秘呢?

生6:这是因为我们口腔的唾液中含有一种酶,能把淀粉进行分解,产生一种糖。

生2:下面我们考一考大家。请问以下哪个是人体最主要的消化吸收器官?胃、肝脏、小肠还是大肠呢?

生8:我认为是胃。因为胃部会分泌胃酸,能对食物进行消化。

生9:我也认为是胃。因为胃部有厚厚的肌肉,它在消化食物的时候强而有力。

生2:正确答案是小肠。小肠位于腹中,上端接幽门与胃相通,下端通过阑门与大肠相连。小肠是食物消化吸收的主要场所,分为十二指肠、空肠和回肠三部分。主要的营养成分在这里被吸收。

生10:胃能分泌胃液,进行食物的初步消化。外部有三层肌肉,帮助胃慢慢蠕动,蠕动时食物渐渐被磨碎并分解成食糜。

生11:大肠能对消化的残渣进一步吸收,并将没用的残渣输入直肠,然后从肛门排出。此外,还有胰腺,也是分泌消化液的,帮助消化。

生2:应该如何保护我们的消化器官?

生12："吃食物时应细嚼慢咽，不要'囫囵吞枣'。"
生13："饮食有节制，不暴饮暴食，不贪吃生冷、辛辣、刺激性食物。"
生14："起居有规律，定时排便；注意饮食卫生，有适量的体育锻炼。"

片段二：小品

师：经过各小组的汇报，我们知道了人体的器官多种多样，各种器官的形状和作用是各有特点的，还知道了如何保护我们的器官。那么同学们认为哪个器官是最重要的呢？哪个器官是最不重要的呢？我们或许可以从接下来的环节中找到答案。下面请欣赏小品《哪个器官最重要?》

生（扮演眼睛）："我是眼睛，也是身体上最重要的一个器官，无论是任何事情，还是任何东西，都是我眼睛先看到的。俗话说得好，眼睛是心灵的窗户。还有，世界上也有话说，眼睛是人生的灯，人的眼睛若明亮了，全身就光明了，这不都是对我眼睛的赞誉吗？不用我多说了，你们也知道眼睛的重要性了吧？"

生（扮演胳膊）："大腿妹妹，刚才眼睛在那自吹自擂，都听见了吧？瞧她那得意的样子。以为自己有多了不起呢，其实没有你，她眼睛能做什么呀?!"

生（扮演大腿）："就是，眼睛能看见很多事情，那还不是我天天带着她到处走，我走到哪她才看到哪，如果没有我，眼睛能看到什么？可是，她现在把功劳全拿过去了。"

生（扮演胳膊）："对，可不是嘛。还有啊，要不是我把一些眼睛看不清的东西拿近给她看，她哪能分得出什么跟什么呀？"

生（扮演大腿）："眼睛，你别在那自吹自擂了。告诉你吧，要不是我们大腿和胳膊，就算你能看得见，不也是坐井观天吗？你别太骄傲，谦虚一点吧。"

生（扮演胳膊）："对。在这个问题上，我们四肢才是最重要的。你倒是说说看，谁没有了胳膊还能工作，谁没有了大腿还能行走。你倒是说说看，啊？"

生（扮演眼睛）："你们俩怎么在一起了，哦！想抢我功劳是不是，你说你俩都重要，但是没有我眼睛重要。没有我，你们都瞎忙活，就像在迷宫里。"

大腿、胳膊、眼睛（争先恐后地）说："我重要，我重要……"

生（扮演耳朵）："你们这一大早的，吵什么呀？"

生（扮演眼睛）："耳朵弟弟，你来说说看，是不是只有我才是最重要的器官？"

生（扮演耳朵）："这话也不能这么说。你们最重要，那我呢？我告诉你吧，最重要的，不是你，小眼睛；不是你，大腿；也不是你，胳膊；而是我，耳朵！"

胳膊、大腿和眼睛齐声："为什么呀？"

生（扮演耳朵）："你们仔细想一想呀。要不是我耳朵把工作指令听得明明白白，胳膊和大腿还不是瞎忙活。还有，要不是我听见这东西叫什么、那东西叫什么，眼睛看见了也不认识呀。"

大腿、胳膊、眼睛、耳朵（争先恐后地）说："我重要，我重要……"

生（扮演鼻子）："又怎么吵起来了，别吵了，别吵了，你们到底为什么呀？"

生（扮演耳朵）："鼻子，你来评评理，我们谁才是最重要的器官。"

生（扮演鼻子）："这还不简单吗，要说世界上最重要的器官，那当然是——"

大腿、胳膊、眼睛、耳朵齐声问："谁——？"

生（扮演鼻子）："我鼻子呀！"

大腿、胳膊、眼睛、耳朵齐声说："怎么成你啦，凭什么呀？"

生（扮演鼻子）："你想想看，要不是我，每时每刻在呼吸新鲜空气，说不定你们早就缺氧了，还怎么发挥自己的作用，哼哈哈哈。"

大腿、胳膊、眼睛、耳朵、鼻子（争先恐后地）说："我重要，我重要……"

生（扮演大脑）："你们都别争了，你们都有我大脑重要吗？"

大腿、胳膊、眼睛、耳朵、鼻子齐声质疑："你？！"

生（扮演大脑）："是啊，你们想，世上有句话说，大脑是人体的司令部，一切智慧都是从我而来的，你们一切行为举止，都是我下的命令，换句话说，是我在支配着你们全体。怎么样，没有器官要跟我争了吧？"

生（扮演嘴巴）："我说你们在吵来吵去干什么，其实每一个器官都是很重要的，眼睛管看，大腿管行走，胳膊管工作，耳朵听声音，鼻子管呼吸，大脑管发号施令，我嘴巴呢管吃东西。"

大腿、胳膊、眼睛、耳朵、鼻子、大脑想了一想，齐声说："你说得有道理。"

生（扮演嘴巴）："可是我们应该这样想想，我们每天从早到晚辛勤工作为了什么呀？还不是为了这一个身体。但你们看胃，它始终不劳而获，享受着美味佳肴，那岂不是很不公平？"

大腿、胳膊、眼睛、耳朵、鼻子、大脑说："对啊，对啊。"

生（扮演眼睛）："不行，我们都在拼死拼活地干，它却在那里享受美味佳肴，这绝对办不到。"

生（扮演胳膊）："对，这次我们得想想办法，不能白白苦干，得使这个懒蛋吃点苦头才行。"

生（扮演嘴巴）："嘿，我有个主意，不如我们一起罢工吧，让它饿几天，要让它知道我们不是好惹的。"

大腿、胳膊、眼睛、耳朵、鼻子、大脑齐声说："好主意，就这么办。"

生（旁白）："就这样，三天过去了。"

生（扮演胃）："饿死我了，怎么突然没有食物输送给我了呢，再这样下去，恐怕我就要……"

生（旁白）："可怜的胃已经饿得扁下去了，没有力气动了，那么身体的其他器官现在怎么样呢？"

生（扮演眼睛）："哎哟，怎么回事，我看到的全是金星，眼睑也没有力气睁开了。"

生（扮演胳膊）："不行，我没有力气了，手不能动了，再这样下去，我无法工作了。"

生（扮演大腿）："我也是，现在我的腿，都快站不住了。"

生（扮演耳朵）："哎呀，我惨了，现在我什么都听不见了，耳朵嗡嗡直叫嚷。"

生（扮演鼻子）："你算什么呀，你看我现在，连喘气的力气都没有了。"

生（扮演大脑）："别说了，我现在里面也是一片空白，什么指令也无法下达了。哎，嘴巴，你怎么样？"

生（扮演嘴巴）："哎，别提了，我张张嘴的力气都没有，更别提说话了。"

生（扮演大脑）："哎，怎么会弄成这个样子。"

生（扮演胃）："大家都怎么啦，怎么会这样？到底发生了什么事？"

生（扮演眼睛）："哎呀，真对不起。因为我们很辛勤工作，而你什么都不做却能吃到很多好吃的东西，所以……"

生（扮演胃）："所以你们罢工来惩罚我，你们这是不对的呀，我并不是什么都不做的，我把每天吃到的东西通通消化，转化为能量，由血管输送到你们各个器官那边去，你们才有力气工作。现在可好，你们一罢工，我就没有食物来源，没有了消化，你们也就没有了力气。"

其他众人齐声说："对不起，是我们不对，我们做错了。"

生（扮演胃）："我告诉你们，虽然我们有不同的分工，但大家都是在为同一个身体服务。器官虽多，身体却只有一个，我们彼此都要相互爱护的呀。"

生（扮演眼睛）："大自然进化的巧妙把我们安放在身体各处，使我们搭配合适。"

生（扮演胳膊）："我懂了，我们各有各的用处，身体缺了谁都不可以。"

生（扮演大腿）："我们没必要再争谁是最重要的了。"

生（扮演鼻子）："不但如此，有一些器官你以为它是不重要的，其实它们都有至关重要的作用。"

生齐声："我们只有团结起来，齐心协力，才能创一个好身体！"

片段三：个人小研究作品展示

师：欣赏完小品，大家对身体的器官有了更多的了解，也认识到身体的每一个器官都有着不可替代的作用，这就跟我们四（5）班是一个集体一样，每位同学都是集体的一分子，每位同学都很重要，缺一不可。除了五官、大脑和胃，请结合个人小研究，以手抄报的形式展示你眼中的其他不同器官之间的联系。

生：同学们，你们知道吗？我们看似没有一丝关联的各种身体器官，在身体里面它们其实是息息相关的。心脏负责把血液输送到全身各处；肺将肺部血液中的二氧化碳排出，吸入氧气，交给心脏循环至全身。经常运动，心脏会变得强壮，肺活量增大，能为身体提供更充足的氧气。食物在体内消化能为身体提供营养，为骨骼、肌肉的生长提供养料。如果消化器官出现问题，缺乏营养，会影响整个身体的运动。

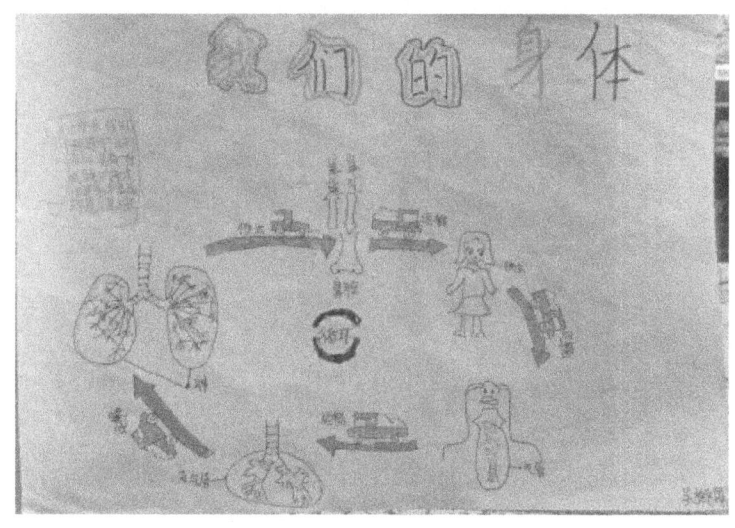

学生个人小研究作品　四（5）班　吴柳霏

学生个人小研究作品　四（5）班　邹雨珊

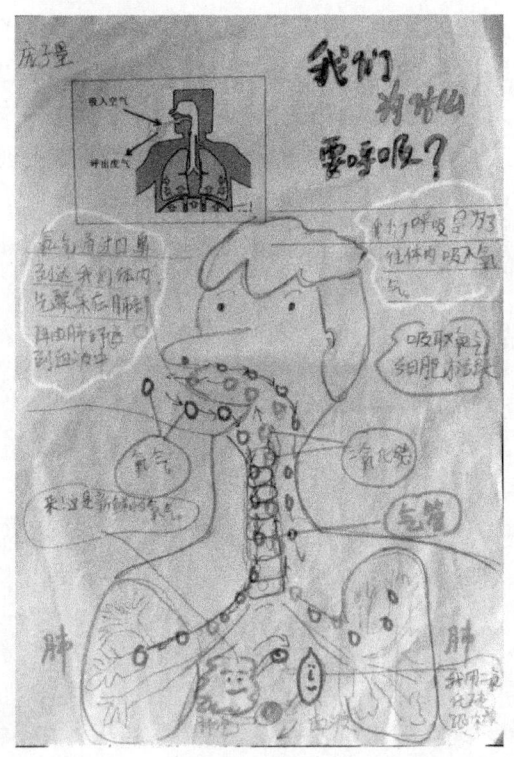

学生个人小研究作品　四（5）班　庞子墨

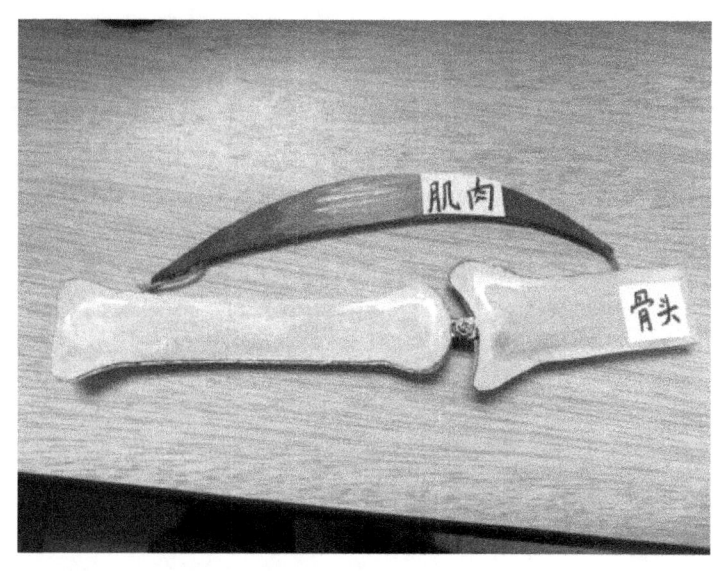

学生制作实物模型《骨骼、关节和肌肉》　四（5）班　梁逸轩

师：经过这节课的学习，我们进一步认识了各种各样的器官，发现器官与器官之间协调工作的特点，感受到了人体那种精密、和谐之美。更重要的是养成良好生活、饮食和运动习惯以保护我们的身体。器官里面含有器字，机器需要保养，我们的器官也需要我们的保养，好好呵护它，它才能更好地、更长时间地为我们服务。

三、我的教学反思

这是一节科学的展示汇报课。课前为促进学生完成小研究，教师需要想方设法激发学生的内在学习兴趣。兴趣是一个人倾向于认识、研究获得某种知识的心理特征，是可推动人们求知的一种内在力量。当教师引导学生对身体关注的时候，熟悉的身体活动和陌生的身体结构形成了强烈的对比，非常熟悉的身体一下子变得陌生了。诸如身体为什么会动？人体外形为什么是对称的？吃下去的食物发生了什么变化？运动以后呼吸与心跳为什么会有变化，等等。平时习以为常的现象变成了问题接踵而来。学生对于自己身体的研究可能就在这样的状况下展开了。

小研究的任务设计需要做到简单、根本、开放。简单，从利于学生的好学入手；根本，凸显核心问题、抓住关键问题、破解困难问题；开放，满足不同层次学生的需要，对每一个学生都是公平的。布置完任务后，我把学习的选择权和主动权交还给学生，让学生在课前探索学习感兴趣的器官。小组展示环节，各小组展示形式丰富多样，不同小组之间进行分享，在热烈的讨论中完善科学概念的构建。

　　学生在个人小研究中利用图画、简单扼要的文字和明朗的线条直观地展示了自己头脑中对器官之间的协调关系的理解。在此设计和制作的过程中，学生自然而然地意识到身体的各个活动都需要各个系统的协调运作。结合小品的演绎，达到对健康的理解——"健康生活就是我们在了解了自己身体的结构和相互作用的规律后，爱护它们，促使它们更协调地工作"。

个人简介

　　黎雁，现任骏景小学科学教师，华南师范大学本科毕业。秉承生本教育理念，在教育教学活动中坚信只有高度尊重学生，全面依靠学生，才能激发学生积极主动的学习意愿。

第五部分
美术科组

《改改画家的画》教学设计

郭惠花

教学目标：

1. **知识与技能**

感受名家作品美妙的色彩和生动造型，学习借鉴作品风格进行联想构思及再创作的方法。

2. **过程与方法**

在小组汇报欣赏中，感受画家作品的艺术美，对画家的艺术风格有一定的了解，找出感兴趣的画作；在比较中，发现画家作品的美妙之处；在想象中，走近画家的心灵，大胆地联想；在小组合作创作中，让小组集体的智慧、想象与画家的作品完美结合。

3. **情感、态度与价值观**

感受艺术之美，体现再创作的快乐。

4. **教材分析**

《改改画家的画》是岭南版四年级第八册第三单元中的第十课，这个单元的重点是认识多种美术作品的艺术风格、表现形式、艺术造型特点及处理方法，学习模仿其表现方法和风格特点进行再创作。这个单元是一个创新课题，引导学生走近优秀艺术作品：从模仿借鉴到想像，再创作，由浅入深地挖掘与融合各课蕴含的美术创作元素，以激发学生的学习兴趣和创造性思维。

教学重点： 模仿画家作品进行美术再创作表现。

教学难点： 在感受画家作品的基础上，大胆地联想，更好地向画家学习，用线描画、装饰画、黑白画的表现方法进行再创作。

教学过程：

1. 课前三分钟

   才艺表演：书法，剪纸。

2. 导入课堂

   师：优美的诗歌、动听的音乐、精美的画作带给人美妙的享受，艺术需要我们不断地探索，不断地创造，不断地追求。研究艺术家们的经典作品，去创造新的精彩。今天同学们带来许多画家的代表作品，都可以办一次名家画展了，那让我们一起领略艺术的美吧！哪个小组愿意首先上台跟大家分享一下你们小组研究的名家和他的画作？

3. 先学展示交流

   小组汇报、展示先学小研究（对中外画家及其作品的研究及展示做汇报交流）。

   形式不限，可以是PPT展示，画册展示，打印画家的画进行展示……

4. 课堂创作练习

   师：欣赏了这么多名家的画，相信同学们一定很期待我们的下一个环节——改改画家的画。我知道同学们早有心有所属的画家作品了，那就请你们把材料和工具拿出来，大胆地再创作吧！

   小组合作，对小组选定的画家的作品进行再创作，使小组的想象和智慧与画家的作品完美结合，实现再创作。

   创作要求：

   （1）小组合作创作；

   （2）对画家的画进行再创作，内容方面运用"加法""减法"，表现技法多种多样，大胆运用各种材料。

5. 小组作品展示及评价

   将各个小组的作品进行展示，请学生介绍本组作品的创意，同时可以对其他小组作品作出欣赏性评价。

   评价要求：

   （1）自评、他评、师评多种评价方式结合；

（2）欣赏同学的作品，取长补短，互相学习借鉴。

6. 课堂小结

这些经典的画作都是画家们留给人类的宝贵财富，而我们今天则站在巨人们的肩上再创造着精彩，只有谦虚的学习和勇敢的创新才能创造出美好的艺术和生活。

《改改画家的画》小研究

一、研究画家本人及画家的画。研究方向是画家的绘画风格、艺术上的主张、生平、故事等。学生可以做PPT、带书籍或打印图片在课堂上与大家进行分享交流。

二、小组合作选定要改的画家作品，在材料、表现技法、平面或空间、作品情感等方面尽情发挥，大胆联想和借鉴，进行艺术再创造。

《改改画家的画》反思

《改改画家的画》是岭南版四年级第八册第三单元中的第十课，四年级的学生在表现技法上是知道很多种的，有四年美术课堂累积的表现技法，参加课外美术兴趣班以及其他各种途径学习到的技法，或者自己创新的技法，等等。加上这个单元其他课题的铺垫，因而我决定把这一课当拓展课上。

首先在深度上，我给学生布置先学研究：研究画家及其画作。研究方向是画家的绘画风格、艺术上的主张、生平、故事等；在广度上，我提倡全方位改改画家的画作，在材料、表现技法、平面或空间、作品情感等方面尽情发挥，大胆联想和借鉴，进行艺术再创造。

课堂上，学生带来了许多资源，包括PPT、图片、画册等。小组汇报中学生自信和精彩的讲解带领大家欣赏了多位画家的名作，对画家们也有了一定的了解和认识。大量的资源在课堂上交流着，共享着，学生兴趣盎然地学习着，这些都是老师在一堂课的时间里给不了学生的，学生自己做到了。接下来的课堂练习中，小组合作对选定的画家画作进行再创作。学生作品的表现形式、材料丰富多彩。这堂课让学生在无边无际的创作中体验创作和合作的乐趣，以下是学生的几幅代表作品：

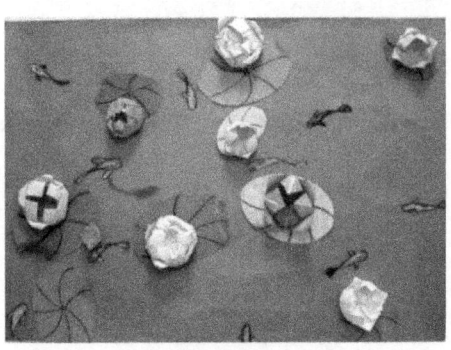 

学生创作　　　　　　　　　　　　画家原作

　　改莫奈《睡莲》，学生用彩色纸折出立体睡莲，大小不同、颜色叠加，使睡莲有颜色和形态的层次感；叶子用彩色纸剪出，用油画棒表现叶的色彩变化，如枯黄和残缺的叶子；画上小鱼在其中游来游去，让整个作品生动、活泼。这个创意完全是学生独立完成，我从未教过用彩色纸折睡莲的方法，这就是学生给我的惊喜。

学生创作　　　　　　　　　　　　画家原作

　　改毕加索《静物》，学生用水粉颜料上色，把骷髅头改成一盘水果，在色彩和造型上进行改变。

　　学生创作　　　　　　　　　　　　　　画家原作

　　改莫奈《麦草堆》，学生用了立体手法改，作品分了前景、中景、背景三个层次，据学生自己的解说，创意灵感来自电视上的一则广告。绿色的草地上开满各色鲜花，蓬松的麦草堆屹立在夕阳下，远处层叠的树、山构成一幅美好的景色。

　　学生创作　　　　　　　　　　　　　　画家原作

　　改林风眠《樱花小鸟》，学生用的是砂纸、油画棒，结合林风眠几幅小鸟作品进行再创作，把小鸟的可爱表现得淋漓尽致。

学生创作　　　　　　　　　　画家原作

改梵高《向日葵》，学生用装饰画手法表现，把黑白与彩色进行对比、衬托。花瓶她们想画成青花瓷，看来是要中西结合，效果果然很不错！

有些听课老师有疑问：在二十分钟的课堂练习环节，如何创作出完整的作品？美术课堂上怎能缺少技法的教学？首先作为一节公开课，要具备一定的完整性，要有教、学、练习、评价四个环节，每个环节都需要时间，所以我让小组先学完成作品的草稿或一半，以此配合整个课堂。即使是这样，这些都是学生自主完成的。只是在先学的时候，我给予适当的指导。经过四年的学习和锻炼，他们已经能很好地合作和思考，我需要培养的就是他们的独立和自主，做课堂的主人，所以很多时候必须学会放手，站在他们身后给予支持和鼓励。关于美术课堂上是不是一定要有技法的教学，我很赞同我国著名画家吴冠中的观点，他认为"像"不等于"美"，"美术"重在"艺术"而不重在"技术"。并不是每一堂课都要讲技法，学生会的就没必要讲，我们鼓励学生创造技法，自学课堂以外的技法。艺术的生存与发展靠的就是不断的创新、创造。与其让学生沿着我们的老路走，不如让学生开拓出他们的新天地，我们要培养的不是"匠"而是"家"，新课标中也强调小学美术教育重在培养学生的想象力和创造力。另外美术课堂有不同类型：技法课、欣赏课、拓展课……应根据课题设计课堂。

本堂课的不足之处有几点：（1）环节把握不够紧凑，学生上台汇报的语言文字太多，不够精简，造成时间上的不足，导致许多学生没机会上台；（2）课堂氛围稍显平淡，学生的激情没被完全调动起来；（3）评价环节不够充分，虽然每个小组都说了自己的创意，但是别的同学没有参与到评价中来，也是因为时间的安排不够合理。通过对这节课的反思，我更加认识到要努力钻研教学方法，提高教学水平，让学生成为课堂的主人的同时，也让教师成为课堂的优秀宏观调控者。

个人简介

郭惠花，本科学历，专业为美术学。2012年3月执教的课例《夏日的凉风》荣获"全国小学生本教育课堂大赛"特等奖。2012年8月指导学生参加"广东省第四届中小学生艺术展演广州选拔赛"荣获美术小学组特等奖，2012年11月指导学生参加"广东省第四届中小学生艺术展演活动"荣获艺术作品类小学组一等奖，本人荣获"指导教师奖"，2015年4月指导学生参加天河区中小学生法治文化书画作品大赛，荣获小学组绘画一等奖。

《漂亮的挂盘》教学设计方案

梁 湛

教学设计方案	
课程	《漂亮的挂盘》教学设计
课程标准	认识适合纹样，学习挂盘的各种装饰方法。
教学内容分析	挂盘是生活中的用品，当美术和生活结合在一起的时候，会迸发出什么样的火花呢？本课以挂盘为载体，用美术的思维方式来对挂盘进行想象、装饰，很适合对四年级学生的想象思维进行培养。（岭南版）
教学目标	1. 知识与技能：学生能根据挂盘的特点进行美化与装饰。 2. 过程与方法：激发学生的想象力，运用多种材料和不同的手法来装饰挂盘，培养创造美的思维方式。 3. 情感、态度与价值观：引导学生体会将生活用品进行美化的乐趣。
学习目标	认识什么是适合纹样，以及适合纹样在生活中的应用，分析挂盘的各种装饰方法。
学情分析	四年级的学生有相对丰富的美术知识与技能的积累，再加上生活的体验，我们相信每个学生都具有学习美术的潜能，能在他们不同的潜质上获得不同程度的发展。
重点、难点	重点：把握利用挂盘的特点来装饰的方法。 难点：如何引导学生根据挂盘的特点进行想象装饰。
教与学的媒体选择	实物投影仪、电脑。

续表

课程实施类型		偏教师课堂讲授类。
	√	偏自主、合作、探究学习类。
	备注	

教学活动步骤	
序号	内容
1	课前三分钟，分小组进行名画欣赏。
2	新课：如何使挂盘变得有趣和美丽？
3	学生自由创作，播放背景音乐。
4	展示。
5	课堂引申。

教学活动详情	
教学活动1	
活动目标	拓展学生视野，提高审美能力。
解决问题	欣赏名画，讲述名画背后的故事。
技术资源	电脑PPT展示、实物投影仪展示。
常规资源	美术书。
活动概述	教师引导，学生做主角上台展示。
教与学的策略	生本理念认为人人都是天生的学习者，作为老师要充分地发挥学生的主动性。
反馈评价	学生做小老师会促进他们努力找资料，听众也会听得更加投入。
教学活动2	
活动目标	学习挂盘的各种装饰手法。
解决问题	展示图片，尝试用各种材料、方法来装饰。
技术资源	电脑PPT展示、实物投影仪展示。
常规资源	学生临摹的纸质画、名画照片。
活动概述	学生创作，教师指导。

续表

教与学的策略	鼓励学生大胆地用各种手法来创作装饰，渗透环保意识。
反馈评价	各种材料的运用会给学生带来耳目一新的感受。
评价量规	
展示、夸一夸同学的作品，进行互评、小组评和教师点评。	
其他	
参考书	《美术教学参考》《装饰性绘画》《创意线描》
备注	

《漂亮的挂盘》小研究

1. 你知道适合纹样吗？请你用自己的话简单说一说。
2. 带上适合纹样在生活中应用的图片跟同学交流。

《漂亮的挂盘》教学反思记录表

姓名	梁湛	性别	男	学科	美术
反思内容	《漂亮的挂盘》教学反思			时间	2015.11.18
反思过程	本课以挂盘为载体，用美术的思维方式来对挂盘进行想象、装饰。在突破"什么是适合纹样？"这一难点上，我设计了用"福"字的字体变形，让学生更直观地感受和理解如何合理地把图案安排到特定的外形里面。同时也发挥了我们一贯的美术特色，用生本理念来指导美术课堂，让学生来做小老师，充分发挥小组合作的优势。鼓励学生用各种各样的材料和方法来装饰挂盘，并不局限于纯手绘，这样就大大地开拓了学生的美术思维，激发和培养了学生的创新能力！				

学生作品

个人简介

梁湛，男，广州市天河区骏景小学美术高级教师。2006年5月，参与中国青少年研究中心"少年儿童行为习惯与人格的关系研究"总课题，2007年水彩作品《椅子》入选"首届广东省中小学美术教师作品展"，2010年丙烯画作品《花园小景》入选"广州市美术教师首届小型风景写生画展"，2011年丙烯画作品《荷塘月色》入选"画坛师意——2011广州市美术教师作品展"，2012年9月获天河区第十一届青年教师教学基本功大赛二等奖，学科技能优胜奖，2012年获年度考核嘉奖，2012年水彩作品《午后》入选"首届广州市美术教师水彩、粉画展览"获三等奖，2013年获天河区教育系统教职工美术、书法、摄影展二等奖。"天河区第二届写生美术作品竞赛"获优秀辅导奖。2014年7月水彩作品《一清二白》获"天河区教育系统党的群众路线学习成果美术类"二等奖。2016年5月丙烯画作品《力》获天河区第三届美术教师画展一等奖。

《小小服装设计师》教学设计

田 蜜

一、教学对象：四年级学生

二、学习领域：设计·应用

三、教材分析：

本课程设计取材于广东版小学美术四年级上册，将《蔬果造型》《印染花布》《可爱的童帽》《我设计的童装》进行整合，让学生进行儿童服装的设计、装饰，在创作的过程中培养学生动手动脑的能力，让他们体验创意、印染、剪裁的乐趣，感受美术创作的实用性。

四、设计思路：

本课是四年级的美术课，学生已掌握了一些装饰绘画和手工制作的技法，并具有一定的观察力和想象力。课程设计的重点要放在用什么方式、什么材料、什么创意来设计服装上，这就需要我们放手让学生去创作，因此小研究的设计要强调探究性、实践性、体验性，引导学生在设计服装时大胆地开发资源，鼓励孩子们用蔬果造型、漫画、国画、剪贴、手绘T恤、印染、布偶服装设计、废物利用等一切自己感兴趣的方式去体验、探究、创作，提高学生自主学习的意识以及交流与合作的能力。

五、教学目标：

1. 知识与技能

（1）感知印染、剪贴、插接、线描、蔬果造型等制作，装饰服装的表现方法。

（2）感受美术创作的实用性。

2. 过程与方法

（1）欣赏不同款式的服饰。

（2）了解设计服装的重要环节。
（3）大胆尝试用有创意的表现方法设计制作服装。

3. **情感、态度与价值观**

树立设计意识，提高审美能力，培养合作精神和创新能力，以及学生热爱生活、创造美好生活的情感。

六、教学重点与难点：

1. 教学重点：能运用色彩搭配、造型的知识设计服装。
2. 教学难点：尝试用不同材质的材料、不同的表现方法制作服装。

七、教学过程：

（一）课前准备

教师：课件、背景音乐、磁铁。
学生：先学小研究资料（与服装相关的书籍图片、网络图片、玩具、服装、自制课件等）、各小组探讨的不同表现手法草图、自己需要的材料、创作工具。

（二）课前三分钟

学生播放自制课件《少数民族服装》，并介绍相关的服装特点。
教师根据学生的课件导入课题《小小服装设计师》。

（三）交流小研究

欣赏漂亮的服装
1. 学生个人展示小研究资料（与服装相关的书籍、玩具、图片、工艺品、服装、PPT 等资料），并与其他同学进行互动交流。
学生展示小研究的资源有：
（1）服装上的绚丽色彩。（课件）
（2）废物利用的服装作品。（图片）
（3）中国古代特色服装。（书籍）
（4）布娃娃的服装。（玩具）
2. 教师引导学生欣赏服装，指出服装美在哪里？
引导学生总结服装的美：造型美、花纹美、色彩美。

3. 技法探究：
(1) 教师提问：要设计好一件漂亮的服装，需要哪些重要的环节。
(2) 学生发言：绘制、剪裁、装饰。
(3) 教师引导重点：用哪些有创意的表现方法进行装饰。
(4) 学生探究：用漫画、国画、剪贴、手绘T恤、印染、蔬果造型、布偶服装设计、废物利用等方式设计服装。

（四）教师提示本课创作要点

1. 设计一件造型独特，色彩、装饰美观的服装。
2. 选择自己喜欢的表现方式（服装漫画、国画、剪贴、手绘T恤、印染、蔬果造型、布偶服装设计、废物利用等）。

（五）小组合作创作，教师巡视辅导

分小组进行合作创作，在学生创作过程中，教师播放轻音乐，创设轻松、自然的情境。教师在巡视过程中，对勇于创新、大胆作画的同学予以表扬，鼓励小组成员合理分工，提醒学生活学活用，多运用以前学过的知识进行创作。

（六）展示与评价

1. 在黑板上布置"服装小展示"的展区。
2. 评价与自评：
(1) 介绍自己的作品，分享创作心得。
(2) 评价其他同学作品的优点和兴趣点，提出合理的建议。

《小小服装设计师》小研究

班级：_____   姓名：_____

1. 找一找身边漂亮、有趣的服装资料。
如：不同年代、不同国家的服装；节日的盛装；有创意、有趣味的服装；自己漂亮的服装等。请带上身边与服装相关的书籍、玩具、图片、工艺品等资料。

2. 你打算用什么材料和表现方法设计漂亮的服装？

《小小服装设计师》教学反思

《小小服装设计师》是小学四年级的一节"设计·应用"领域的美术课。四年级的学生已掌握了一些装饰绘画和手工制作的技法,并具有一定的观察力和想象力,因此本课的重点要放在用什么方式、什么材料、什么创意来设计服装上。

生本美术要以学生的"学"为核心,美术教学也要与时俱进,然而教材的内容相对有限,所以我们还要以教材为出发点,全方位地超越教材、整合教材,选取和优化更适合学生学习、发展、创作的课程进行单元整合教学。本课我就将《蔬果造型》《印染花布》《可爱的童帽》《我设计的童装》进行整合,让学生进行儿童服装的设计、装饰,在创作的过程中培养学生动手动脑的能力,让他们体验创意、印染、剪裁的乐趣,感受美术创作的实用性。

学生是学习的主体,也是美术课堂中宝贵的资源。在我们的美术课堂中教师的引导作用和学生的自主探究学习主要体现在"先学小研究"上。通过学生自主地寻找身边的"服装"资源,引导他们发现生活中无处不在的美,感受线条的美以及在种类、粗细、疏密、色彩上的变化。在课堂上学生带来了许多小研究资料,如服装上的绚丽色彩(课件)、废物利用的服装作品(图片)、中国古代特色服装(书籍)、布娃娃的服装(玩具)等丰富的教学资源,让美术课充满了生机、活力。

在美术技法教学中,我们改变了以往老师先教,学生再学的传统模式,以"先学后教"的生本模式取而代之。即让学生先通过个人或小组自主探究相关技法,然后再带着问题走进美术课堂,通过老师的引导作用,更牢固地掌握专业的技法,收敛教师的光芒,突出了学生主体地位,让学生真正成为课堂的主人,把被动学习转为学生的主动学习。

在创作环节,我们相信学生,全面放手让孩子们大胆选择材料,在最后呈现的作品中除了有整合的几个课题里的蔬果造型、印染花布、童帽等内容外,还出现了课本外的手绘T恤、布偶仿真、布艺服装设计、废物利用、立体插接等创意服装作品。开放的美术课堂,激情洋溢的小组合作创作,体现了团队合作的力量,并通过自选创作材料,让学生的个性自由地发展,从而在美术课堂上无边无际地创作!

学生作品

个人简介

田蜜,小学高级教师,广州市天河区骏景小学美术教师。担任学校美术教学、学校宣传工作。曾获天河区嘉奖:"天河区中小学教学论文评比"一等奖,"天河区中小学美术教师画展"二等奖,"天河区中小幼多媒体教育软件、优秀课例评奖活动"二等奖等。在教学中,致力于生本美术教育的研究与实践,注重培养学生自主探究学习的能力,让学生在美术课堂上更具有主动性和创造性,从而进行无边无际的创作。

第六部分
音乐科组

骏景小学生本合唱特色实践探讨

吴红英

骏景小学是一所天河区合唱特色学校，2015—2018年广州市艺术教育重点基地学校。我们相信人人有爱音乐爱歌唱的天性，为学生搭建各类舞台，让学生在实践中体验快乐，在愉快中学习音乐，使学生的合作能力、歌唱技能都得以提高，受到美的熏陶，从而全面推进素质教育。我们学校班班有合唱队，歌声响遍校园。一年一届的班级合唱节，是我校最隆重盛大的节日，参加人数多，不仅老师同学齐参与，更有广大热心家长鼎力支持；举办规模大，全校每一个班，每一位同学都登台表演，人人有机会，人人得发展。

骏景小学合唱团成立于2003年，这是一支充满朝气和欢乐的队伍，多年来在广州市各类合唱比赛中屡获殊荣。2015年6月2日与耶鲁大学"生命之泉"清唱团进行音乐交流获得一致好评。参加2015年第三届亚洲国际合唱节荣获儿童组金奖第一名。2015年11月参加"IFCM国际合唱联盟世界合唱大奖赛"获得金奖。合唱团的孩子在2016年7月参加了中国儿童基金会主办的公益宣传片《挺起中国脊梁》的拍摄，表现优异，获得广东电视台制片人的高度评价。合唱团里，有对合唱艺术充满激情和执着追求的老师，有对音乐无比热爱的孩子，在市区教育局、学校各级领导的重视与大力扶持下，在专家和老师的悉心培育下，孩子们以圆润而优美的音色，以对音乐的理解和真诚的表达，共同演绎出一首首富有艺术感染力的动人歌曲，共同唱响一段质朴灵动的童年时光。

骏景小学严格贯彻执行义务教育《音乐课程标准》（2011年版），《音乐课程标准》指出："要更加重视并着力加强合唱教学，使学生感受多声部音乐的丰富表现力，尽早积累与他人合作演唱的经验，培养集体意识及协调、合作能力。"

我们在实践中积极探索合唱活动的新思路、新方法，进行"感受合唱的美妙，提升自身的修养"校本课程的开发，拓宽学生的音乐视野，感受丰富多彩的音响世界。通过合唱活动让学生学会安静、倾听、合作、尊重、服从和分享，素质得到潜移默化的提高。我们真诚地希望合唱——这一学校传统特色能让每一位学生受益终生。

我校音乐科组教师从课程建设入手，将合唱带入课堂，从低年级开始就进行二声部听觉与视唱训练，使班班有合唱队。同时，以课堂教学作为切入点，坚持让孩子在轻松愉快的氛围中学习音乐，在实践活动中体验音乐带来的快乐，激发了每位孩子热爱音乐的天性和潜能。

一、课堂中的合唱教学

（一）在音乐课的常规训练中，渗透多声部的《师生问好歌》与《再见歌》，培养多声部听觉

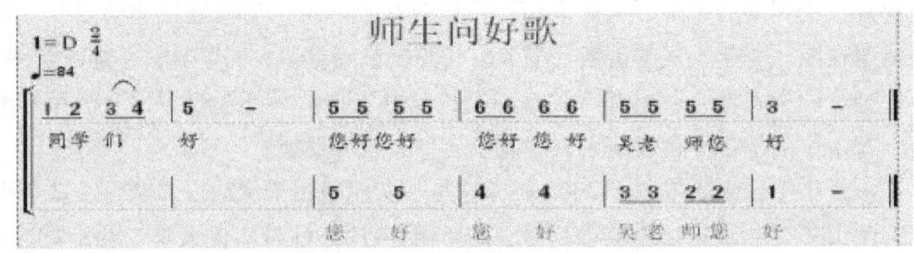

（二）明确声音概念，做好声音训练和气息训练

教师有效示范，带动美好音色，只有建立起正确的声音概念，正确的合唱意识，才能获得正确的合唱声音，体现合唱的艺术美。练声是学习科学、系统地掌握歌唱技术方法的主要手段，是提高声音训练的重要学习环节。根据不同年龄的水平，准确地选择适合学生的练声曲，通过循序渐进的练习才能更快地提高演唱水平，才能使学生具有更好的演唱作品的能力。

每次练习时，都要保持正确的歌唱姿势，一般认为站着练声效果更好，而且站着时两腿保持与肩同宽。眉开眼笑，两眼有神。从开始练声起，就要同音乐结合起来，要求每位同学把音程、音阶、练声乐句唱得悦耳、动听。把握好歌唱的气息也很重要，在良好气息的支持下，乐句的流畅表达会水到渠成，歌

唱的音色会更美，歌唱的和谐感会更强。下面是既可以用来听和声练习又可以用来做练声曲的谱例《送别》，效果良好。

（三）歌曲与节奏的多声部练习

1. 从多声思维的听觉入手训练

引领学生通过聆听、模仿、听辨、演唱、合作等手段一步一步地学习，在不知不觉中快乐地接受多声部合唱的学习训练，使学生们的多声思维能力和相互间协调、默契的合作能力得到更好的锻炼和表现。如《牧场上的家》谱例1是简单的旋律加花，很容易，又有效果。《牧场上的家》谱例2是竖笛与歌唱，不同音色的二声部很有特色，学生很喜欢。

谱例1《牧场上的家》

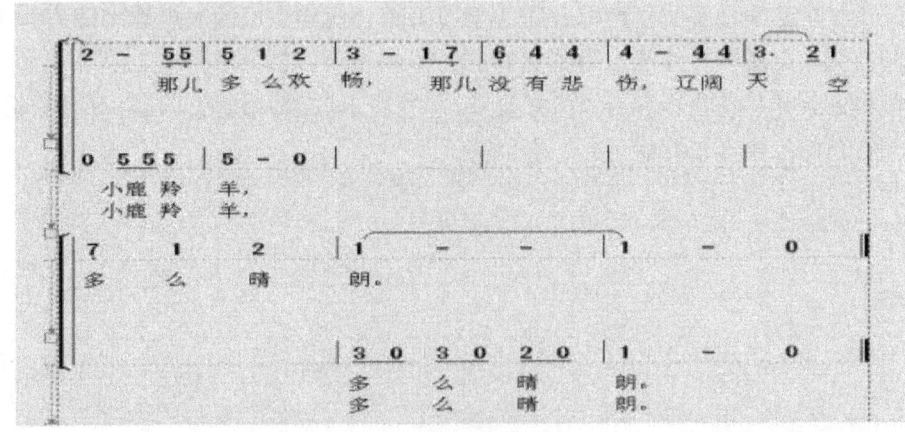

谱例2《牧场上的家》

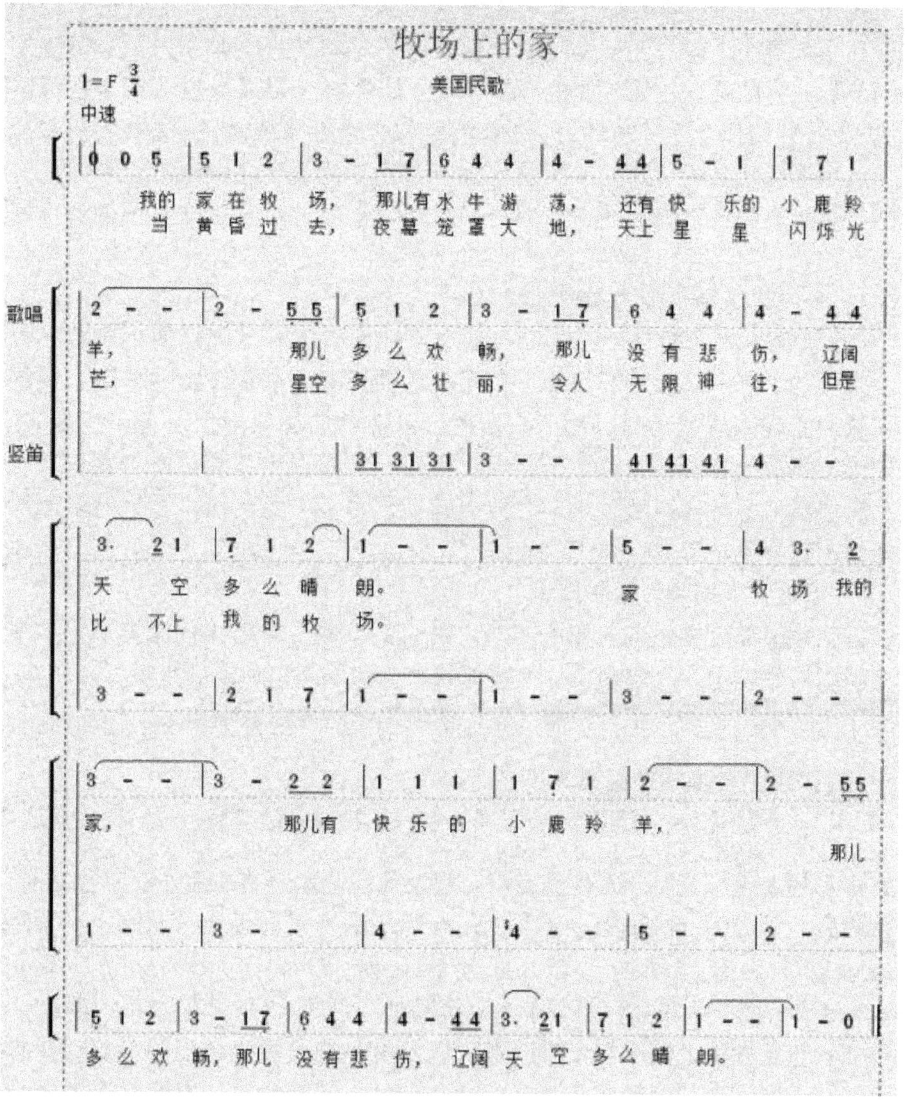

跟随老师的手号唱好《哆唻咪》，轮流唱好第一、二声部。最后背唱歌曲，创编律动进行表演。这是孩子们很喜欢的一首歌曲。

2. 以课堂器乐为辅，解决合唱难点

我校三至六年级都开展了竖笛进课堂的学习，每个孩子都能掌握一门小乐器，享受合奏的乐趣。竖笛也是一个辅助音乐学习的好学具。先用竖笛练好音准、节奏，再歌唱，使课堂变得有趣有效。如学习二声部合唱《在卡吉德洛森林里》，一开始让学生分声部用竖笛试奏练习，借助竖笛的固定音高解决音准问题。然后选择几名吹奏好的学生进行重奏，让其他学生注意倾听二声部的音准和感受纵向的和声，为唱准二声部打好基础，学生合唱时音准问题得到很好的解决。

3. 卡农与简易合唱的多声部学习

《欢乐歌》和《明日》都是简单的卡农歌曲，还有《闪烁的小星星》也可以拿来做卡农练习。多声部的练习包括为歌曲选择不同的节奏型伴唱，或练习同一首歌曲旋律与节奏的二部卡农。还可以在歌曲旋律上加上大小三度演唱，以轮唱形式唱出音阶。在整个低年段，在每节音乐课中，能如此有意识、有计划、有层次地坚持多声部教学，温故而知新，到了中高年级，学生的多声部合唱能力一定会逐步形成。

4. 渗透变声期嗓音保护知识

五六年级部分学生进入变声初期，我们要渗透变声期嗓音保护知识，帮助学生消除思想顾虑。在教学设计上增加欣赏、音乐知识和竖笛器乐等方面教学，掌握正确的歌唱方法，正确控制气息，使学生依然可以歌唱。

（四）加强合唱审美教育

指导学生开展听音色、听和声、感受情绪等有意识的欣赏活动，感受合唱丰富多彩的表现形式，欣赏优秀童声合唱录像和艺术性高的中外童声合唱曲目，开阔视野。如中国交响乐团少年及女子合唱团的音乐会录像，天使之翼合唱团和维也纳童声合唱团的录像，以及 For the Beauty of the Earth、Exaudi! Laudate!、云南汉族民歌《猜调》、瞿希贤的《牧歌》和《花非花》等经典合唱歌曲。布置学生上网搜集合唱的知识以及世界优秀童声合唱的视频到课堂上交流，孩子们带来的资料非常丰富。合唱中，不同的音色、力度和速度呈现出不同的情感和风格，同一首歌曲经过不同歌手的演绎、不同形式的编排常常会具有风格迥异的韵味。培养学生对音乐的感受、领悟与表达能力，提高审美能力和审美趣味，使学生身心愉悦，情操得以陶冶。

二、收集整理一套校本班级合唱教材

除了义务教材规定的合唱歌曲，我们也收集整理了一套校本班级合唱教材

供老师们选用。选择的歌曲旋律优美动听，让孩子能感悟到其中的音乐美，并产生强烈的歌唱欲望和兴趣。

适合三四年级演唱的曲目：《春风》《郊外踏青》《法国古老歌曲》《孙悟空打妖精》《欢乐歌》《红星歌》《美丽的黄昏》《嘹亮歌声》《柳树姑娘》《大家来唱》《小孩世界》《红叶》《牧童》《多年以前》《拍手拍手》《阳光牵着我的手》《采莲谣》《让我们荡起双桨》《红蜻蜓》《小白船》《冬夜静悄悄》《小纸船的梦》《游子吟》《侗家儿童多快乐》《转圈圈》《母亲您真伟大》《愉快的梦》。

适合五六年级演唱的曲目：《永远》《小熊过桥》《划船》《银色的马车从天上来》《晚风》《苹果丰收》《我怎样长大》《故乡的小路》《如今家乡山连山》《叮铃铃》《雨中》《小鸟小鸟》《春雨蒙蒙地下》《迷人的火塘》《让幻想展翅飞翔》《田野在召唤》《铃儿响叮当》《手拉手》《可爱的苹果》《拉起手》《歌声与微笑》《在卡吉德洛森林里》《Maori 欢迎你》《明日》《同一首歌》《小黄鹂鸟》《红河谷》《一二三四歌》《长城放歌》《长城谣》《小鸟》《友谊地久天长》《海鸥》《噢，苏珊娜》《外婆的澎湖湾》《清晨我们踏上小道》。

三、搭建艺术舞台，人人得发展

一年一届的班级合唱节，是我校最隆重盛大的节日。每一位同学都登台表演，人人有机会，人人得发展。班级合唱节是一个课堂合唱提高展示的形式，音乐老师要在音准、音色、艺术处理等方面给予指导。合唱队员对作品风格的把握，很关键的一点在于教师对作品的深入剖析和挖掘。合唱队员的整体气质其实是由每个个体的气质所决定的。对队员的气质训练，包括对队员自信心的培养以及气质形象的塑造。要强调学生神情表达的专注性与准确性，眼睛要会传神，肢体表达要与歌曲意境吻合。除了合唱，可加入领唱、朗诵，也可以加上律动，还可以加上小部分的舞蹈编排，以达到表演锦上添花之效果。班级合唱教学，关键在于能够让学生"从内心起歌"，启发学生学会处理、表现歌曲的情感，培养学生做到眼到、耳到、心到和口到，把歌曲的感情化为自己的心声，需要我们不断研究、不断探索，让学生在合唱艺术中得到情感的满足，获得美的熏陶。

我们学校学钢琴的孩子很多，为了让钢琴弹得好的孩子能得到充分的锻炼，发挥他们的才能，有些班的合唱比赛我也会选择用钢琴伴奏。二年级的林玥彤同学就弹了粤语歌曲《香蕉船》，到三年级时就弹《小白船》，四年级时弹《虫儿飞》，越来越懂得与指挥和合唱队配合了。班级合唱节的指挥也是学生，我们每年都培养了一批指挥小能手。

在学校合唱团里我也会培养学生做我的钢琴伴奏，成为我的好帮手。第一位担任合唱团钢琴伴奏的是李思琳同学,并得到她妈妈的强力支持。李思琳非常优秀,获得了天河区最佳钢琴伴奏奖,现在是耶鲁大学的学生,她在2015年6月带领耶鲁大学"生命之泉"清唱团回来和我们学校合唱团交流,清唱团以独特的"阿卡贝拉"音乐形式演唱,开阔了孩子们的艺术视野。

第十二届广州市合唱节,我培养了文理慧和罗与崎两位同学做钢琴伴奏,在外聘的钢琴伴奏因个人工作不能参加比赛的紧急关头,还是文理慧同学挑起了这个重担。文理慧同学不负众望,表现出色,我们的合唱团以绝对的优势进入广州市决赛。

2015年合唱团的钢琴伴奏是通过钢琴比赛选拔出来的秦嘉怡同学,她还同时担任竖笛队的伴奏,最后因为非常喜爱合唱留在了合唱团,在和耶鲁大学"生命之泉"清唱团交流中发挥了非常重要的作用。2016年的钢琴伴奏,有更多的同学参与进来,成了老师得力的帮手。

合唱团的孩子要学一首中英文结合的新歌《你可听到孩子歌唱》,其中英文部分的学习,有些困难,恰逢水虹同学假期从美国回来看望老师和同学,我们请两年前到美国留学的水虹用美式英语带领大家学习英文歌词,孩子们积极性都很高,很快就学会了。水虹曾经是我校合唱团的学生,参加了第十二届广州市学校合唱节比赛以及到星海音乐厅参加小组唱《小纸船的梦》的表演。我们合唱团的学生有幸参与《挺起中国脊梁》公益宣传片拍摄,其中朗诵部分《挺起中国脊梁》,由我们班级合唱节的小主持刘奕晖同学带领大家朗读,效果不错。

一年一届的艺术节我们会举办校园歌手比赛和文艺汇演。

各班先进行初赛,我们鼓励以重唱、表演唱的方式比赛,各班推荐一至两个节目参加学校的决赛。选出优秀选手参加天河区少儿声乐艺术大赛。每一届孩子们都踊跃报名参加,自由组合,自己编排,乐在其中。

通过各级全面海选,人人参与的方式,每级一个节目,每班都有人参与,参加庆六一的文艺汇演。孩子们在实践中有了更多的尝试,表现方式多样,带来很多惊喜,培养了合作精神、勇气和自信。

每个学期末我们举办班级音乐会,以个人或小组的形式,选择自己喜欢的方式进行表演,并对自己和他人的演唱进行简单评论。教师和学生一起评出优秀节目和最佳演员。这样,既可以使学生在音乐审美过程中获得愉悦的感受与体验,又极大限度地调动了他们学习音乐的积极性和增强学习音乐的自信心。

在全员普及的基础上,学校合唱团水平水涨船高,更是取得了长足的进步,团队建设日趋科学、成熟,初步形成了从班合唱队到校级合唱团的梯队建构。同时制定完善了各种保障措施,如:常态固定训练地点、时间,外聘专家指导,制定相关制度（合唱团员守则）。我们为各级少年宫演出队和天河男童合唱团输送了不少优秀人才。现在学校又成立了学校合唱团B团，注重夯实基础，循序渐进，践行阶梯教育，保障六年级毕业生离团时不会出现合唱水平忽高忽低的不稳定现象，使合唱团有了更好的持续发展。

我们充分相信学生，给学生搭建舞台，人人得发展！学生一定给你惊喜！合唱团经过三年的历练沉淀，具备了开音乐会的条件，我们努力和广东省星海音乐厅协商，经过半年的商谈终于签下了合约，在2017年7月5日于星海音乐厅交响大厅举办"金色童年 乐韵悠扬"——骏景小学合唱专场音乐会，努力争取把音乐会办得圆满成功！

附：学校班级合唱节比赛评分标准

序号	比赛要求	所占分值	得分情况
1	选曲健康，积极向上。	20分	
2	音准准确，节奏合拍，音色优美，吐字清晰，音乐完整，作品处理得当，富有艺术感染力。	30分	
3	合唱队演唱与指挥、伴奏之间配合默契。	15分	
4	演唱形式新颖，有多声部合唱等技巧性处理，声部均衡和谐。	20分	
5	服装整齐统一，台风端正，注重礼节，上下场迅速，展现小学生的良好风貌。	15分	
最后得分			

四、营造一种良好的音乐文化环境

在校园里营造一种音乐的气氛，使学生在音乐环境中放松身心，陶冶情操。我校每天早上有晨曲，其中有格调优雅的合唱曲和清新活泼的器乐曲，充满朝气，让孩子们走进校园时有一个美好的心情，能够感受到快乐与幸福，从而对校园的生活、学习充满期待。每两个月更换一次曲目。每天下午学生进校门播放合唱团录制的校歌《我们美丽的骏景小学》。每周一升旗仪式都有两位合唱团员带领大家演唱《国歌》，仪式结束后由两位合唱团员带领大家唱着校歌回教室。每周三，校园广播站《歌声飞扬》栏目，每个年级评选出最佳演唱班级，每月更换一首新歌，这些都是适合孩子们演唱的歌曲。六年下来伴随孩子们成长的歌曲和乐曲数不胜数，给学生营造一种良好的艺术音乐氛围，在他们的小学时光留下了美好的记忆。

我们音乐舞蹈室外面的橱窗展现学校重大艺术活动以及合唱团参加国际比赛和重大表演活动的照片，到音乐室上课的孩子们下课了都爱驻足观看，希望下次自己的照片也能出现在橱窗中。

五、在老师和家长之间搭一座信任之桥

教师和家长之间彼此鼓励，能够营造一种有利于孩子们成长的氛围。现在的校讯通，QQ群以及微信群都是很好的沟通工具。记得2015年我们要到香港参加第三届亚洲国际合唱节，困难重重，三月份我们成立了合唱团微信群和家委会群，会长是个非常热心和有组织能力的人，他给大家分好工，常召集大家一起开会讨论问题，家委会通力合作，分担了很多后勤和对外的联络工作。我非常感谢他们为合唱团做的每件事，我们的比赛非常顺利，取得了非常优异的成绩，使我们学校的历史增加了厚重的一笔。在2016年7月我们合唱团到中央电视台南海影视城拍摄《挺起中国脊梁》公益宣传片，家长也帮忙带队，参加后期录音很晚了，家长又充当司机把我们接回来，到家已是晚上11时，真是可敬又可爱的家长！我们非常详细地告诉家长们我们想让他们怎么做，他们很乐意去做的。一年一度的班级合唱节，各班的家长更是热心，常亲自辅导或找来专业老师编排辅导孩子们的舞蹈部分，服装也亲自挑选和购买，演出时帮忙化妆和拍照。

六、与时俱进，加强学习

作为指挥，要时刻关注合唱世界的动态，加强学习。学习的方法多种多样，如加入世界合唱公众微信号，留意合唱的最新动态、资讯，拓宽眼界，得到提升。加入广州市音乐教师合唱群，与其他学校的老师交流合唱训练方法和交换乐谱资料等。我购买了一本《合唱指挥法》研读学习，明白原来指挥也可以默练，好处是能考验对音乐的记忆力，更能以内心的感受去指挥音乐，能培养和加强对音乐的想象力与感受力。每当专家到校指导，我也是专注聆听，虚心向专家请教，抓住一切学习的机会。感谢学校给予的机会，我也参加了一些合唱大师班的学习，收获良多。

2012年春天，我参加了第六届西方合唱音乐指挥大师研修班学习。主办方邀请了国际文化交流基金会艺术总监克里斯蒂安·荣格仁先生（瑞典）和嘎伯·霍乐隆先生（匈牙利）、加拿大著名指挥詹姆菲拉·博罗兹女士以及中央

音乐学院教授杨力先生授课。大师们精选经典的西方合唱曲目进行介绍和讲解，让不同时代、不同风格的曲目呈现在大家面前，旨在让更多的合唱指挥感受"世界合唱比赛"的理念"让世界一起欢唱，参与就是至高无上"，领略音乐的魅力，掌握形式多样、新颖实用的合唱训练方法以及指挥技法训练。不同的是个性，相同的是大师们同样深厚的专业素养、对合唱的热爱以及对学员们的亲切和耐心。

杨力教授强调声音强而不炸、弱而不虚、高而不挤、低而不压。窄音程音色要近，宽音程音色要异，内声部音色要相近。横字竖咬，竖字前咬。关于指挥，把我们自己感受理解的东西向合唱队员表达，学生能感应到。断、连形成阻力。手心向下，手心、虎口有感觉，起拍加速加停顿，点的重量形成强弱，艺术化的起拍是指挥家真正的魅力。

回到学校，我学以致用，变换合唱团员的位置或者改变团员之间的距离可以改变声音的效果，用在小组唱的训练上很快就显出成效了。学到的热身练习不仅使嗓音处于良好的发声状态，还能使注意力集中，建立团员与指挥之间的良好关系。孩子们还是很喜欢这些练习的。

2015年7月我应邀参加第三届亚洲国际合唱节交流音乐会，期间和著名指挥家阎宝林教授探讨了在童声训练中遇到的问题如何解决：关于真假声的统一，气息的训练是关键。指挥耳朵的判断力至关重要。让我了解到指挥属于表演专业，指挥的肢体、表情、眼神能带动儿童的合唱情绪，自我完全的投入，是指挥的综合能力的体现。曲目选择的难度系数是基础，两首作品应一首代表歌唱水平，另一首代表音乐风格。走台时指挥需找到最佳发声位置，把声音传出去，音乐厅、教堂和剧院会有不同的处理等。与大师的对话，极大地鼓舞了我，使我提升了水平。

2015年11月，我到澳门参加了世界合唱博览会高级童声合唱指挥大师班的学习，打开了国际视野。大师Susanna Saw是一位非常有亲和力的老师，她认为合唱最重要的是让孩子学会听，听节奏、乐句、乐段，听各种音乐要素，建议不用钢琴练声。她主要用柯达伊教学法来训练合唱，很多训练都用游戏的方法。她觉得在训练过程中穿插一些游戏是非常重要的，学生养成了放松歌唱的习惯，到比赛前就不用我们说你要笑，孩子们的状态一定是放松的。工作坊有位教授说最好的声音是圆润的，而不是明亮的，明亮的声音会失去一半的表现力。Susanna Saw的观点却是根据作品来定。她从2007年开始担任世界合唱评委，听到世界各地风格的歌曲，认为还是要根据风格来评。我还参加了晨歌会，参加了不同的工作坊，听了世界顶尖合唱团的音乐会。这次还见识了很多著名的指挥家和作曲家。收获超乎想象！

拥有500年历史的维也纳童声合唱团来广州开工作坊，我可以有机会近距离地接近他们，跟他们的艺术总监维尔特教授和卡格尼指挥学习，感觉实在太幸运了。

　　2016年9月21日上午，维也纳童声合唱团工作坊（广州站）进行了简单而隆重的开幕式，接着维尔特教授就开始带领我们做热身运动，用游戏练习，让身体动起来。活动开了，声音才能开。练声，老师要做孩子的榜样，不松懈，站姿像国王优雅放松。要经常检查嘴型和元音是否正确，要求身体和肌肉都要参与。老师发声前先准备好，老师的示范一定要非常准确，元音"mo"嘴唇向前，唱"a"笑肌要放松，有集中点，u-a比较好找，用每人舒服的音量来唱，加上手的动作去找，找高音要把声音拉出来，不是推出来。单脚站着唱，体会放松，再用双脚站着唱。一连一跳地练习，气息是连贯的。如果发现孩子们的练习不好，要换掉这个练习，要储存对的东西。

　　练习指挥，气口给得夸张，要有音乐性，要把乐句指挥出来。两手同时准备指挥，需要加强注意时用两只手。

　　有关音准和调性的问题，音唱高了有时是因为紧张，要让孩子们放松下来，声音还是要求集中。唱低了有时是因为胸腔用得多了。和声练习，用不同元音练习纯净的五度，可以闭上眼睛感受和听，和弦练习，三音一定要唱得很准确。排练过程中做一些放松练习，韵律练习和嗓音放松练习很重要。

　　我很幸运得到实践机会，指挥维也纳童声合唱团和老师们一起演唱《蓝色多瑙河》第一段，华尔兹自由的三拍，第三拍稍延迟，每小节都要很柔和地开始，有些地方变慢，然后又回原速，感觉非常难掌握。但在维尔特教授带领和帮助以及维也纳童声合唱团的合作下还是完成了任务。维尔特教学法，生动有趣，实用又高效，重要的一点是表扬与肯定必须多于指责！我还购买了维尔特《合唱指挥大师班精品视频》进行学习，更好地理解了维尔特教学法的精髓。还购买了《巴林特柯达伊合唱指挥精品视频》进行学习，学到了一些训练合唱团较快提升的能力。

个人简介

> 吴红英，广州市合唱协会会员，音乐教育学士，毕业于星海音乐学院。曾随中华文化合唱团到香港、澳门、新加坡等地演出。参加第四届世界合唱节获得金奖。指挥学校合唱团在广州市各类比赛中屡获殊荣。指挥学校合唱团荣获2015年第三届亚洲国际合唱节儿童组金奖第一名和IFCM国际合唱联盟世界合唱大奖赛B1组金奖。2009年参加全国首届教师竖笛重奏比赛获得一等奖。2011年参加全国教师第二届竖笛重奏比赛获得一等奖，并应邀参加全国中小学器乐研讨会现场表演。

快乐竖笛进课堂

李晓文

摘要：器乐教学，特别在班级进行形式多样的演奏活动，可以丰富学生们的想象力、发展记忆力和创造力。在培养音乐能力方面，能训练学生的音准、节奏及乐感等；能提高学生对音乐的理解、感受及表现能力。进入21世纪，随着国家新一轮课程改革的实施，《音乐课程标准》进一步明确了器乐教学在音乐教学中的重要地位。课标指出："器乐演奏对于激发学生学习音乐的兴趣，提高对音乐的理解、表达和创造能力有着十分重要的作用"，还提出了"竖笛作为一种易学易奏的课堂乐器，便于集体教学使用"。

关键词：竖笛教学有效性　兴趣合作　主动参与

开展器乐教学是我国音乐教育发展的必然。特别是竖笛，具有简单易学、携带方便、声音优美等优点，深受小学生的喜爱，是最理想的课堂乐器。把竖笛引入到小学音乐课堂中，并采取积极措施，提高竖笛教学的有效性，既有利于提高小学生的音乐素养和音乐技能，又有利于提高小学生的综合素质，让小学生能够更加全面地发展。

我校将课堂乐器——"竖笛"引入到音乐课堂，从三年级开始增设了竖笛课作为音乐教学的一个重要环节。通过这几年的教学实践，我深深体会到器乐教学活动能使学生的艺术表现力得到充分满足，并且为其开辟了探索新音乐知识的空间。那么如何引领学生体验竖笛的乐趣、喜欢并爱上竖笛呢？我认为在课程设计上应具有以下特点：先易后难、由浅入深；面向全体学生、注重个性发展；乐曲的选择注重与单元主题的结合；提倡以学生为主体，倡导师生互动，重视音乐实践。

一、由浅入深，循序渐进

在竖笛教学过程中，教师选择的教学内容应该与学生的接受能力相符合，不宜心急，应循序渐进地提高学生的音乐能力。教学时应该合理设置教学方案，通常情况下，小学音乐教学中的竖笛教学有三个阶段：

首先，给学生介绍竖笛，让学生了解竖笛的基本知识。竖笛又有牧童笛、直吹笛的别称，具有固定的音准，相较于其他乐器，竖笛有以下优点：①竖笛音域比较宽，转调较为容易，学习竖笛有利于锻炼学生手指的灵活性，从而让小脑更加灵活。②竖笛吹奏方法较为简单，有利于把小学生学习音乐的兴趣激发出来。③竖笛容易配乐，能够实现"奏唱同步"。

其次，让学生初步接触、练习吹奏竖笛。用缓吹慢慢地练习，求得柔和明亮的音色，然后练习有高音的乐曲。学习吹奏高音时可用急吹来练习，做到笛孔要严，不漏气。从较短的节奏练习曲逐渐过渡到较长的练习曲，练习时可采用如下方法：单纯指法练习、默唱与指法练习、图式指法练习等。通过上述练习可使学生首先抛开音准做指法练习，当学生的手指灵活及熟练后再与默唱听琴练指法相结合。学生感到会演奏乐曲了，便有一种异常的兴奋与自豪感，学习音乐的兴趣油然而生。

最后，让学生练习竖笛吹奏技巧，提高学生演奏竖笛的技能和水平。要时时提醒学生保持正确的口形、拿法、指法及逐步掌握正确的呼吸，然后再从音准、节奏、音色、力度、速度等一一加以指正，并时时贯穿于练习；教学中还总结出一个吹奏方法口诀：吹竖笛，有规矩，左手上，右手下，口含一公分；身要直，口要圆，气要缓，检查手指要摁严；一字一音用单吐，上有弧线气要连，高音口形变扁气要急，眼睛视谱走在前。竖笛的基础学习必须扎实，方法必须正确，由浅入深循序渐进，方能为学生打下良好的学习基础。

二、激发兴趣，调动积极性

以往教学注重教师的"教"，现代教学注重学生的"学"。作为教师，我们应该从学生的角度考虑学生喜欢怎么学，对什么感兴趣，采取一种学生乐于接受的方式对学生进行各种竖笛知识的传授及技能的培养。不过，这样学生仍处于被动状态，激发学生兴趣才是关键之举。著名科学家爱因斯坦曾说过："兴趣是最好的老师"。兴趣也是学习竖笛的基本动力。只有激发学生对竖笛产生浓厚的兴趣，他们才会主动学、认真学，从学中体会到音乐的魅力。

在对学生进行竖笛教学的过程中，我们选择使用《爱迪生乐团高音直笛初级教本》，我们有自己的一套教学模式：如基础的指法练习，我们设计了和声音阶练习和内心听觉练习；在学习了竖笛基本要领之后，让学生练习一些有趣的或者动听的歌曲，来增加练习中的乐趣，我们自己制作 MIDI 为所学歌曲伴奏（如《闪烁的小星》《摇篮曲》《我和你》《牧羊女》《蒙古小夜曲》《玛丽有只小羊羔》），把学生喜爱的乐曲作为吹奏内容，以激发学习的兴趣。

在开展竖笛教学活动时，把竖笛与其他形式的音乐结合起来对学生进行教学。例如：《可爱的布谷鸟》竖笛教学中，教师可以让学生用竖笛吹奏出布谷鸟的叫声，看哪个同学吹出来的声音最动听，并让吹得最动听的学生把吹奏方法分享给同学们，以提高全班学生的竖笛吹奏水平。课后，让学生自己查找喜欢的歌曲，小组交流练习吹奏，既可达到熟练指法，又可拓宽音乐视野。

三、互帮互教，共同提高

一个人的力量是有限的，可集体的能量是强大的。教师在竖笛教学中，不能一味地给学生灌输竖笛知识和演奏技巧，也不能让学生单独进行教学，否则，不但难以提高学生的竖笛演奏技能，而且不利于学生综合素质的培养。因此，小组合作学习尤为重要，让学生互帮互教，共同进步，从整体上提高竖笛教学的质量。例如：在教学生吹奏《雪绒花》时，讲解相关知识及吹奏技巧之后，把班里的学生分成若干组，每组都有不同层次的学生，小组成员中采用"以优带差"的方法辅导差生。各组成员之间互相促进，互相竞赛。这样一来，无论是单独的小组合作练习，还是全班一起练习，为了实现良好的演奏效果，学生都会积极调整自己的状态，积极与其他同学讨论，研究每个同学的吹奏方式及其中存在的问题，并相互指正，不但能够有效提高全班学生的竖笛演奏技能，而且能够增强学生的人际交往能力，培养学生的合作精神，同时对于提高学生的音准、节奏感等起着重要的作用。此外，在学生讨论、练习的过程中，教师不能"袖手旁观"，而要参与到学生的讨论中，亲切地与学生交流，及时发现其中存在的问题，并予以指正，拉近师生之间的距离。这样能够提高小学生练习竖笛的效率和质量，还能够构建和谐的师生关系，保证接下来的音乐教学活动能够顺利开展。

四、搭建舞台，展示自我

苏霍姆林斯基曾说："在每个人的心灵深处，都有一种根深蒂固的需要，这就是希望感到自己是一个发现者、研究者、探索者、创造者。"每个学生都有权利以自己独特的方式学习音乐，享受音乐的乐趣，参与各种音乐活动，表达个人的情智。

课堂是学生学习的平台，也是学生表演的舞台，教师要在课堂空间里引领学生发展自我，挖掘学生的表演潜能，培养他们的表演能力，才能真正帮助学生培养性格品质、终身受益。教师应给不同层次的学生提供参与表演的机会。鼓励学生用自己喜欢的方式学习并进行展示，使他们都能有所发展，有所提高。因此，教师在课堂中要把歌唱、打击乐、舞蹈、欣赏等融为一体，进行各种音乐活动。形式可以如下：①用竖笛为歌曲、诗歌朗诵等伴奏。培养学生在吹奏中的节奏感、协调感、和声感，提高学生的竖笛演奏水平。②用竖笛为合唱教学服务。在竖笛的练习中，教师也应该把竖笛与歌唱结合在一起，比如：在《牧羊女》《雪绒花》等歌曲的练习中，教师可以引导学生在竖笛多声部的伴奏下练习合唱，这样，能够让学生的音准更加准确，音色更加和谐、统一，从而提高学生的音乐水平。③把竖笛吹奏与欣赏相结合，学生可以用竖笛吹奏欣赏曲的主题音调，进行表演、创作活动，可以在愉悦的欣赏活动中充分地感受、理解音乐。④结合打击乐为竖笛伴奏，丰富其声音效果，也更能激发学生学习竖笛的热情。⑤把竖笛演奏与律动舞蹈结合起来也会取得很好的效果。这样表现音乐，能让学生在音乐中感受舞蹈的韵律，在演奏中获得美感。

课堂上有了小竖笛，课堂内容更加丰富，形式手段也更多样化了。它可以帮助学生在说、唱、创、奏、演等活动中，更好地掌握一些音乐知识与技能。节拍节奏稳定了，听觉灵敏音准好了，视唱流畅了，独奏自信了，合奏和谐了，合唱水平也逐步得以提升。同时，学生的审美能力、创新能力、实践操作能力都得到了良好的发展。

匈牙利音乐家柯达伊说："艺术的精髓并不是技术，而是心灵，一旦心灵可以毫无障碍地自由表达，便能创造出完美的音乐效果。"竖笛课的开展促进了学生多元智能的协调发展，激发了学生的审美情趣，为孩子带来享受音乐以及体验成功的快乐。让悦耳的笛声插上理想的翅膀，让动听的旋律在新世纪的阳光下激情飞扬。

参考文献

[1] 曾劲. 如何在小学竖笛教学中培养学生的音乐表现力［J］. 新课程·小学，2013（12）.
[2] 李丝雨. 中小学音乐课堂竖笛教学研究现状问题及展望［J］. 北方音乐，2014（17）.
[3] 孙岩. 论竖笛教学在小学音乐教学中的意义［J］. 科学大众（科学教育），2013（06）.
[4] 北京师范大学《音乐教学法》

个人简介

李晓文，女，小学音乐高级教师，自工作以来，多次指导学生参加市、区比赛并获得多项荣誉，多次荣获优秀指导教师奖。组织指导学生参加2009年和2011年天河区第二届、第三届少儿钢琴艺术大赛；2009年天河区第一届少儿民乐、西洋乐艺术大赛；2010年、2012年和2016年天河区第四届、第五届和第七届少儿声乐艺术大赛中，学生分别获得一、二等奖的好成绩；2010年指导学校乐队参加天河区小学西洋乐重奏、小合奏荣获二等奖；2015年7月指导学校合唱团参加第三届亚洲国际合唱比赛荣获童声组金奖第一名；同年11月合唱团参加国际合唱联盟世界合唱博览会荣获B组金奖；2010年、2013年和2016年指导学校合唱队参加天河区第十一、十二和十三届学校合唱节比赛荣获一等奖，并获广州市学校合唱比赛一等奖和二等奖。2015—2016年度"一师一优课，一课一名师"赛课获部优课。

立足生本，激活音乐欣赏教学

罗 婷

苏联教育家苏霍姆林斯基说："能够欣赏懂得音乐，这是审美修养的基本标志之一，离开了这一点就谈不到完美的教育。"马克思也曾说过："欣赏音乐，需要有辨别音律的耳朵，对于不辨音乐的耳朵来说，最美的音乐也毫无意义。"由此可见，如果学生缺乏欣赏音乐的能力与意识，那么音乐的美感也将不复存在，音乐本身也将变得暗淡无光。

在传统的音乐欣赏课教学中，学生常常处于一种完全被动的学习状态中，教学程序一般为：讲解背景——出示主题——欣赏内容——分析曲式——听主题与对比主题——理解其思想含义。教学中老师完全成了课堂的主体，学生只是简单地动用听觉器官的个体，学生大多是昏昏欲睡或坐立不安，课堂要么死气沉沉，要么人声鼎沸。在这些教学实践中，我们发现传统的小学音乐教学并不能激发学生热爱音乐的本性。因此，我在长期的音乐教学过程中做了以下几点尝试：

一、养成良好的音乐聆听习惯

著名现代音乐家艾伦·科普兰说过："如果你要更好地理解音乐，再也没有比聆听音乐更重要的了，什么也代替不了聆听音乐。"聆听是音乐欣赏的必要手段，学生只有在聆听的环境中展开想象、分析，才能更加主动、有效地参与音乐，达到提高个体的欣赏能力的目的。我在欣赏教学中，运用多种教学手段，对学生聆听音乐习惯的培养进行了有效的尝试与探索。

1. 养成静心、专心听辨音乐的习惯

静心聆听音乐能唤起学生的情感。应让学生知道自己是一个欣赏者，作为"音乐的欣赏者"就要知道怎样做个文明的欣赏者，怎样能给自己、给他人创造比较好的音乐欣赏学习环境，最重要的就是静下心来倾听音乐。学生聆听音乐的过程，其实也是一个体验、理解的过程，还是一个想象的过程。因此，音乐教师一定要让学生学会聆听音乐的方法，养成认真聆听音乐的好习惯。在平时的欣赏教学中，我常创设故事情境、运用启发性的语言等多种方式，让学生主动地投入到学习氛围中。等学生们完全放松下来再开启音乐，让他们的聪明与灵动在音乐中得到无限的发挥。

例如四年级《看动漫，听音乐家演奏》这一课，教学目标是让学生在看动漫、听音乐家演奏等一系列的音乐活动中，感受古典音乐的魅力，体会欣赏带来的乐趣。在教学中，教师可以设置情境，引导学生想象自己进入音乐厅演奏音乐的状态，模仿动画片中汤姆猫演奏钢琴的表情和动作，参与体验钢琴和管弦乐队的合作演奏，说说自己对序奏主题的感受。同时，引导学生在看、听、唱、想等活动中加深对各音乐片段的记忆。通过一系列课堂教学和训练，使学生自然形成良好的聆听习惯。

我觉得，教师在音乐欣赏中是一个主导的作用，只有通过自己的智慧及运用一些有效的方法才能逐渐培养学生养成静心、专心听辨音乐的习惯。

2. 强调以生为本，动静结合，引导学生主动参与

"以生为本"是基于学生发展与综合素质提高的需要，通过课堂教学有效提高学生学习能力的教学理念。将被动欣赏变为以学生的愉快体验为主，以学生的兴趣性增强为主的教学。充分利用教学资源，优化教学方法，提高教学效益。调动学生的积极性、能动性和创造性，参与聆听体验、取得最佳教学效果，实现教学效益的最大化。英国教育家柏西·布克强调："一名教师，你首要的紧迫任务就是去创造一种吸引力"。我认为在音乐课堂中引导学生参与活动，那么想动、爱动、行动、意动、情动，就是一个吸引的过程，学生在动静结合的课堂中就能愉快地学习、主动地学习。

如：欣赏《动物狂欢节》组曲时，我引导学生感受乐曲所表现的不同动物形象，并能运用各种音乐活动，让学生对音乐形象进行简单的分析，了解作曲家的创作手法。其中在《狮王进行曲》的教学中，我先让学生聆听音乐，提问：你听到了什么？想象一下森林里发生了什么？学生聆听音乐，展开想象，对音乐作品有了初步的感知，并大胆地运用自己的语言表述。然后请学生观看视频《狮王进行曲》，观察狮子的习性特征。学生边听边模仿狮吼的动作与声音，数数共有几次"狮吼"？接着引导学生哼唱主旋律，体验狮王的威严，感受狮王的每一步都走得那么扎实有力，体会弦乐器家族的特点。最后让学生根据音乐创编歌词和动作。老师提问：狮子王要出来了心情觉得怎样？狮王怎样显示它的威严？怎样表现兴奋与激动？其他小动物呢？学生在欣赏的基础上分段创编歌词和动作。这个时候学生自由讨论，分组表演，课堂气氛非常活跃，每个学生都跃跃欲试，学生创编的狮王四种由弱到强的吼叫，从表情、动作、整个体态上形象各异，生动可爱。整个教学活动都是以学生为学习主体，充分发挥学生学习的积极性、主动性和创造性。放手给了学生一个充分自由发挥的空间，使学生的思维一直处于一种积极的活跃的状态。

二、利用多媒体教学，拓展学生视野，激发学生兴趣

生本教育主张教育的目的应该以学生的好学为主要目标，而不再是教师的好教，如此一来，学生才能激发兴趣，才能够真正积极地去主动学习，活泼健康地发展。而在科技发展的今天，现代教育技术纷纷走入我们的课堂，它的动态化、信息化以及交互性的特点可以有效促进教育教学的发展。教师在教学中，可以扬长避短，努力开发信息技术的优势，为音乐欣赏服务，使学生充分感受音乐作品所蕴含的文化底蕴、形态美和情感美，陶冶学生的情操，激发学生的学习兴趣，提高学生的审美能力。

例如六年级《溜冰圆舞曲》这节课，我将单一的封闭型教学环境转变为基于网络的开放型教学环境。在音乐教学中，凭借现代教育技术，用生动的画面形象直观地再现抽象的音乐旋律和歌词所承载的内容，具有形象性、直观性、趣味性的特征。教学中，我通过播放宫廷舞会和花样滑冰的视频导入，同学们被这视频深深吸引，兴趣特别浓，有的同学说："老师，再看一遍吧。"所以，对于学生而言，音乐兴趣是学生学习的动力，是产生情感的基础，同时也是学生在音乐方面可持续发展的重要前提。在听辨序奏演奏乐器时，我利用乐器图片辅助学生进行选择，对音乐素养较弱的学生，还可以听赏几种乐器音色后再听辨乐曲的演奏乐器。在音乐教学中，运用多媒体进行辅助教学，大大激发了学生学习的积极性和主动性，使学生在较短的时间内掌握较多的知识，帮助学生更好地理解音乐作品，达到提高教学效果的目的。

三、即兴表演与乐器演奏相结合，活跃课堂气氛

当欣赏曲为学生不大喜欢的曲子时，他们往往表现得注意力不集中，开小差，有的甚至把音乐当成催眠曲睡觉，课堂教学很难达到预期的效果。如何换一种教学手段，让学生喜欢上这一类音乐呢？我觉得可以运用即兴表演与乐器演奏相结合的方式，最大限度地调动学生的参与性。

例如五年级无旋律的民间打击乐乐曲《鸭子拌嘴》，要想让学生静下心来听肯定很难的。因此在教学中，我采用边欣赏边交流的形式，在开头的小镲敲响时，我问学生："这是鸭子在干什么？你能模仿它的动作吗？"（学生回答并模仿鸭子拍翅膀或其他姿势的动作）接着，小锣、木鱼与双响筒同时响起，我又问："这时鸭子又像在干什么？请你用动作模仿它。"（学生模仿鸭子一摇一摆地走路），就这样，在聆听——交流分析——即兴表演中，欣赏完这首乐曲。在欣赏过程中学生始终处于兴趣盎然，全员参与的状态。最后，我引导学生把《鸭子拌嘴》编成故事，学习用打击乐表现这段故事。

故事情景：一天早上，刚学会走路的小鸭子嘎嘎高兴地拍拍翅膀，把门推开（小镲渐快渐强——渐慢渐弱），它一摇一摆地走向河边（木鱼、双响筒）。这时，鸭妈妈带着其他的小鸭子来了（小钹、小镲、小锣），小鸭子们扑通扑通跳到河里面游泳（小钹、小镲），它们比赛谁溅起的水花最大（小锣、小钹、小镲、双响筒、木鱼），可是，鸭妹妹头上的小花被打湿了，它和嘎嘎争吵起来（学生击响手中的镲和钹，节奏忽紧忽慢，演奏出时急时缓的情绪；用身体动作神态把鸭子吵架的情绪表现出来）。鸭妈妈过来了，教育孩子们要团结友爱，玩了一天的小鸭们一摇一摆地走在回家的路上（木鱼、双响筒、小锣同时敲响）。

原本枯燥的教学内容在融入故事、情境表演、打击乐演奏这一系列的教学活动后，变得生动有趣。

四、以学定教，创设情境，联系音乐和生活

在生本教学中有一个重要的原则：学生会的老师不教，让学生自己做；学生不会的老师要想方设法创造条件让学生自己做。让学生进入课堂的时候胸有成竹，有备而来，让课堂成为展示先学的舞台。生本的音乐课堂是"以学定教"的课堂。在课堂上老师不是重在知识的传授，而是要关注学生的全面发展，更关注学生的学习兴趣和过程。

所以，在欣赏课中，让学生有备而来。根据音乐作品的风格或特点，提前让学生搜集相关的资料，这样能促使学生去寻找音乐作品及其介绍，并在找寻的过程中获得一定的音乐知识及其他的知识。

另外，在音乐教学中我们要融合学生的生活，用生活来唤起学生的兴趣，更用学到的知识来美化他们的生活。有专家指出：脱离儿童生活世界的间接经验知识传授所产生的结果往往是低效的，甚至是无效的。教学中应该让学生在学音乐的过程中，既学习音乐知识和技能，又要融入感情地感受音乐所带来的乐趣。所以在教学中，我得常常创设情境积极转变教师的角色，把自己放在和学生平等的地位，和同学们一起学习、一起做游戏、一起探讨，努力引导学生把生活经验和课本知识有机结合起来。关注学生的内心需求，关注学生在学习活动中的表现，成为学生学习的促进者。

例如在一年级《感知音乐力度》的教学中，课程目标要求学生掌握"渐强""渐弱"这一知识点，如果单一地对学生讲授渐强、渐弱的概念，学生会很难直观理解，技巧也难以掌握，演唱、演奏时更难以达到理想的音乐效果。因此，我把学习的主动权交给学生，让学生在课前去探索，了解生活中哪些声音能表现渐强，哪些声音能表现渐弱，以及可以用什么道具来表现渐强渐弱的声音。学生通过自主探究，带回来的例子千姿百态，生动有趣，让原本抽象、

枯燥的知识概念富有趣味性，孩子们在尝试中探索，在探索中对音乐符号渐强、渐弱的感悟更加深刻了。

总之，在欣赏教学中，我们要立足生本，一切从学生出发，提高学生鉴赏的兴趣。要时刻注重培养学生的综合素养，加强学科间的相互渗透，让学生在了解、欣赏音乐作品的同时，也对与音乐作品相关的创作、历史等背景资料加以了解。教师在教学中，应扬长避短，努力开发信息技术的优势，为音乐欣赏服务，使学生充分感受音乐作品所蕴含的文化底蕴、形态美和情感美，陶冶学生的情操，提高学生的审美能力。真正树立起"以学生发展为本"的教育理念，增强课堂教学的有效性。

个人简介

罗婷,女,小学音乐高级教师。多次指导学生参赛,并取得多项荣誉:2004年辅导学生参加区器乐入课堂教学成果音乐会,获得二等奖,个人获得优秀教师辅导奖;2006年辅导学校合唱队在广州市第十届合唱节比赛中获得区二等奖;2009年和2011年天河区第二届、第三届少儿钢琴艺术大赛,获优秀组织教师奖;2010年和2013年指导学生参加第十一届、十二届学校合唱节比赛获得区一等奖,并荣获广州市学校合唱比赛一等奖和二等奖;2015年指导学生参加吹奏乐比赛,竖笛队荣获区一等奖、市三等奖的好成绩,个人荣获"广州市中小学器乐教学先进个人"的称号。

第七部分
体育科组

跳绳教学实践活动案例

邓小尹

一、设计思路

本课以"健康第一"为指导思想。结合我校生本特色,本着"以教师为主导、以学生为主体、以快乐为主题"的原则,依据中年级学生的心理特点,结合本课教材内容,围绕五个学习领域,紧扣三个目标创设意境,给学生创造一个生动、活泼的学习氛围。通过教师的启发、引导,让每位学生以饱满的热情、积极的姿态,投入到学练中,使学生在玩中学、学中玩,享受到在运动中做主人的快乐。从而促进学生创造性的学习,激发学生的运动兴趣。培养学生在学练中养成积极思考、勇于创新、主动参与的习惯,增强自信心,增进团体合作意识。

二、教学设计方案

1. 指导思想

本课以"健康第一"为指导思想,以培养学生的创新意识和探究实践能力为核心目标,通过跳绳进行各种活动,培养学生参与意识、竞争意识与创新能力,激发学生主动参与体育运动学习的兴趣,使学生在轻松愉快的气氛中进行锻炼,为终身体育打下基础。

2. 教材分析

跳绳是小学生十分喜欢的一种体育活动。由于设备简单,不需要很大的场地来开展,是小学体育教材中较好的内容。通过跳绳活动能够促进学生上下肢肌肉、关节、韧带和内脏机能的发展,对于发展弹跳力、灵敏性、协调性等具有显著作用。

3. 分析学生

(1)四年级小学生正处在生长发育时期,肌肉弹性较差,他们的骨骼肌肉以及内脏器官发育不完善。

(2)团体意识逐渐加深,对团体竞争也产生浓厚的兴趣。开始注意教师和同学对自己的态度，并通过言语或表情来表现自己情绪。

三、教学目标

1. 运动参与目标：使学生积极参加到学习中，并大胆向同学展示自己的动作；相信我能行，告别我不行。

2. 运动技能目标：使学生体验花样跳绳练习的方法，并了解花样跳绳的特点、对身体的作用以及注意事项。

3. 身体健康目标：通过花样跳绳发展学生的身体素质，增强体能，促进身体正常发育和发展。

4. 心理健康目标：在学习中充分展现自我，增强自信心，锻炼意志品质，得到成功的喜悦。

5. 社会适应目标：树立良好的团结协作精神，积极进取，乐观开朗。

四、组织教学法

1. 遵循学生的认知、情感、意志和生理机能变化等规律，提高认识，培养兴趣，主动参与。

2. 在教师的指导下，把练习内容作为达成目标的手段和途径，通过分组和集中相结合的组织形式，做到"严而不死，活而不乱"。

3. 采取情景教学法、分组教学法、启发诱导法等方法进行自主学练，创设有利于学生主动发展、积极探索的氛围，达成培养实践能力和创新意识的目标。

五、教学内容

为了更好地完成教学目标，根据教育改革和学科整合课题，在体育教学中以音乐为背景运用到体育课堂活动中。

1. 激发兴趣阶段：首先，我以对话的形式进行课堂常规上课，大大增加了学生对体育课的兴趣。在"猜一猜"游戏中，打造一种神秘且自然和谐的课堂氛围，点燃学生的上课欲望。充分调动学生学习的积极性、主动性，活跃了课堂气氛。然后在老师的带领下一起完成热身操，充分热身，为上课做好生理和心理准备。

2. 学习体验阶段：由于跳绳的种类和方法很多，为了使教学更切合实际，根据跳绳活动情况和学生掌握跳绳动作的实际水平，在安排课时的时候，按照由单人——双人——多人——集体等步骤，练习花样跳绳的各种方法。使同学的练习由简单逐步到复杂，并不断激发学生学习的兴趣，让学生向新的目标挑战。（1）让同学进行分组练习，练习以前掌握的跳绳方法，了解到花样跳绳的相关知识。（2）哪组的跳法最新颖？在教学中，我适当地参加各组的练习，加深了师生的感情，融洽师生关系，使学生在轻松愉快中学习。并让同学将自己的跳法大胆地向其他同学展示，增强其自信心，获得成功的喜悦。

3. 知识延伸阶段：分组让学生花样跳绳接力比赛。为了使学生在练习中不觉得枯燥、乏味，我也特意准备了一个小游戏比赛。游戏是以分组比赛的形式进行的。这样可以在比赛中提高学生的兴趣，使每个学生都能在游戏中得到更好的锻炼，而且还可以通过游戏比赛培养学生良好的团结合作能力，以至调动学生的情绪。

4. 舒展身心阶段：学生在老师的带领下做放松操，恢复生理和心理状态，同时渗透美育，陶冶情操。

六、延伸活动（游戏活动）

平时可以挖掘资源，让学生之间相互合作，用不同的方法加以巩固，鼓励学生创新，从而发展学生的各项身体机能，提高学习兴趣，使之养成自主锻炼身体的习惯。

七、活动后的反思

1. 教学目标通过教学过程顺利实现。本案例的教学目标是通过开发学生的创新能力，并以学生所创造的玩法为游戏的载体，让学生在学中玩、玩中学，体验集体和个人获得成功的喜悦心情，让学生间真正形成"自我学练、合作学练、探究学练、创新学练"的良好气氛，从而实现教学目标。

2. 以音乐为背景，营造浓厚的民主氛围，把课堂转化成舞台，让学生自始至终是主体。在本案例中，老师以引导者的身份进入课堂，学生的学练过程都以音乐为背景，让学生感觉到自己是在舞台上尽情地展现自己的聪明才智，在这样的美境中，学生的学习充盈着快乐，充满着幸福！教师也陶冶了情操。

3. 给学生及时表扬和鼓励，激发学生的上进心和积极进取的精神，对小学生而言象征着光荣和自豪。本案例教师对学生的学习态度、创新精神、合作参与等方面评价，以表扬奖励为主线，折射出师生间互相平等、互相尊重的真挚感情。

四年级体育课教案

内容	1. 跳绳。2. 游戏：穿过小树林。						
目的	1. 通过学习，进一步掌握跳小绳的方法，增强学生下肢力量，提高灵敏性、协调性等身体素质。 2. 通过游戏练习，培养学生集体主义精神，提高动作的协调性和发展学生的速度奔跑能力。						
顺序	教学内容	场地	教师活动	学生活动	次数	时间（分钟）	强度
准备部分	一、课堂常规： 1. 体委整队、师生问好、报告人数、检查服装。 2. 宣布课堂内容和任务。 二、准备活动： 1. 队列练习。 2. 广播操。 3. 专项准备活动。	▲ ____ ____ ____	1. 教师语言要清晰。 2. 教师讲解课堂要求和任务。 3. 讲解队列练习的要求。 4. 师生一同练习。	1. 学生站四列横队。 2. 学生认真听讲，注意观察。 3. 听从指挥，注意力集中。 4. 学生充分活动各关节。	1 1 2	10	小
基本部分	一、1分钟跳小绳 重点：摇绳轻松。 难点：轻松协调，动作连贯。	分组进行	1. 教师讲解动作方法和要领。 2. 教师做分解和完整动作示范。 3. 教师给学生个别指导。	1. 学生认真听讲动作方法和要领。 2. 学生集体练习。 3. 学生分组练习。	3/4	15	中

续表

基本部分	二、游戏：穿过小树林。规则：1. 必须站在线后拍手才能起跑。2. 不得碰到树桩，如碰到必须放好后才能起跑。	分组进行	1. 教师讲解游戏要求和规则。2. 教师做正确示范。3. 学生练习比赛。4. 教师评定胜负。	1. 学生认真听讲游戏规则。2. 注意观察教师的示范。3. 学生练习比赛。4. 分组比赛。	2/3	12	中
结束部分	1. 放松 2. 小结 3. 下课	▲ ⎯⎯ ⎯⎯ ⎯⎯	1. 总结本次课的情况。2. 下课。	1. 认真听讲，精神饱满。2. 下课。	1	3	小

个人简介

邓小尹，1998年毕业于广州体育学院体育教育专业，小学高级教师。从事小学教育十余年，拥有较丰富的教育教学经验。从教多年以来，一直坚持快乐体育、终身体育与创意体育的理念，激发学生运动兴趣，尊重学生主体地位，关注学生个性发展；坚持"健康第一"的指导思想，以促进学生身体、心理和社会适应能力整体健康水平提高为目标，取得了良好的教育教学成绩。

体育教学案例
——水平二《单脚起跳、双脚落地及游戏》

何祖仲

一、前言

生本教育的教学理念就是一切为了孩子，高度尊重孩子，全面依靠孩子。体育教育教学中我们的宗旨就是以学生为本，充分体现学生的主体地位。在教学中建立民主、和谐、平等的师生关系，激发学生学习兴趣。教师课堂中通过语言引导，场地器材的设置，以及运用小组合作、探究学习等多种教学方法，真正把课堂还给学生，在充分发挥学生主体能动性的前提下，创设丰富的主题活动，使学生在和谐的课堂教学气氛中快乐地去学、去做，以达到增强体质，提高运动能力的效果。

本节课内容为"单脚起跳、双脚落地"和游戏。我在教学中进行大胆尝试，将情景教学、自主学习、合作学习等多种教学手法贯穿课堂。教学中注意运用教师评价、学生自我评价、学生互相评价等多种评价手段，引导学生发现问题，解决问题。第一，在活动中体验成功；第二，在评价中找到差距；第三，在课堂教学中体验到参与的乐趣。为达到这个目标，我将教学方法归纳为："乐中练，动中练，玩中练"。这里的"练"是发展能力的手段，而"乐、动、玩"则是培养学生兴趣的生动体验。

二、案例介绍

1. 学习内容

（1）游戏：模仿各种小动物。
（2）单脚起跳、双脚落地。

2. 学习目标

（1）学生能在轻松愉悦的歌舞中做出基本跳跃的动作。
（2）学生能应用所学的知识进行创新活动。

三、教学设计

让每个学生通过唱中游、游中练感受到愉悦，在愉悦中初步掌握"单脚起跳、双脚落地"简单的动作方法，同时在激活思维、拓展能力过程中体验合作创新和成功的心情，从而有效地提高学生主动参与学习的兴趣。

四、片段介绍

1. **调动情绪，激发兴趣**

（1）课堂常规，明确学习内容和要求。

（2）小游戏：模仿各种小动物，随音乐跟教师一起跳舞。

2. **合作探究，掌握技能**

（1）跳跃：单脚起跳，双脚落地。

（2）唱儿歌→进入情景→探究学习→自主学练→知识技能评价。

（3）学生在活动过程中掌握技能。

3. **激活思维，拓展能力**

（1）小游戏：模仿各种小动物，创编各种跳的方法。

（2）唱儿歌→分组游戏→能力拓展→创新能力评价。

（3）学生展示创编内容。

4. **稳定情绪，恢复身心**

（1）放松：听音乐、师生共同舞蹈。

（2）小结：师生共同讲评。

五、案例分析

1. 这节课教案编写的主要特点是体现了新《课程标准》所提倡的"以学生发展为中心，重视学生的主体地位"的教学理念。

（1）本节课能紧紧围绕学习目标，利用各种游戏创设情景，用音乐贯穿全课，让学生在玩中学、学中乐、乐中思、思中创，即玩中有所得，从而充分感受到自主与合作的乐趣。

开始上课时，就用小游戏的形式出现，让学生感受到体育课的快乐。游戏开始了,教师亲切自然地描述:"秋天是蓝色的,晴朗的天空碧蓝碧蓝,一群小鸟飞过来,让我们和小鸟一起飞吧。"孩子们在音乐的伴奏下,学着欢乐的小鸟自由地飞翔,有独自飞的,有成群飞的……仿佛进了鸟的天堂。"嘟"一声哨响,教师迅速做出了集合的手势,孩子们快速跑向教师,学生们在慌乱中总算把队伍站好了,但有两个小朋友却找不到自己的位子。教师故作急切的样子说:"这两只小鸟迷路了,谁能帮他们找到家?"大家很快帮助两只迷路的小鸟找到了自己的家。

(2)本课的教学重点是提高学生的跳跃能力,应用所学的知识进行创新活动。因此,教师在教学设计上,充分发挥了学生的主体作用,注重培养学生的自主锻炼和创新意识。在学习方法上,运用了自主学习方式,通过情景教学,让学生在活动中掌握技能和拓展能力。在具体教学过程中,注重学生实际能力的培养,把教材和游戏有机结合起来,通过探究性学习和合作学习,促进学生身体素质和运动技能的提高,发展学生个性,培养学生互相学习、团结协作的优良品质和集体主义精神。

(3)在跳跃教学过程中,教师力求目标分层化、组织游戏化、学生个性化,给学生创设一定的空间和时间,让学生尽情玩耍,享受其中的乐趣,通过想象进行各种创编练习。随着音乐发出不同动物声音节拍,小朋友们一会儿是踏着沉重缓慢的脚步模仿搬运木头的大象,一会儿又成了蹦蹦跳跳活泼可爱的小白兔,一会儿又变成了活跃的青蛙,一会儿又变成了一群顽皮的小猴,有学生喝道"老师!我是孙悟空!"紧接着两手撑地翻起"小筋斗",引得小猴们哈哈大笑……这一小游戏把游戏和体育教学有机结合,构成了新的教学情景,有利于调动学生用已有的知识在实践中去体验的积极性,体现了"快乐体育"的思想。因为成功与失败都是收获,酸甜苦辣都有营养,让学生在活动中充分展示自我,亲自体验各种活动的感受。教师尽量激发学生学习的灵感,让学生有选择地练习,自我展示风采,学生的自主性得到了充分发挥。学生有了求知、求学的欲望,与此同时,教师的教学目的也就达到了。

2. 玩中乐,乐中学,学中思,思中创,创佳绩。

为了突破学生被动接受较具常规传统的教学模式,我用音乐贯穿全课,让学生更早地进入角色。然后,教师再根据教学效果进行适当的点缀(提示),使动与静、张与弛、快与慢有机地结合,控制好整个教学节奏。学生们既有原地又有行进间和转方向的动作,既有站着又有坐着,根据音乐的旋律、节奏,进行队形变化。小游戏的设计更是体现了师生之间生生互动、师生互动的良好学习氛围。教师始终处在学生中间,和学生一起分享快乐。

3. 点评和分析。

在生本教育下的课堂是开心的，老师是轻松的，孩子是快乐的，我们把更多的教转化为更多的学，让更多的学转化成参与，让孩子们在参与中体验并享受快乐，只要孩子参与了，那我们的课堂肯定是成功的！

个人简介

何祖仲，任广州市天河区骏景小学体育老师及班主任。主要从事体育教学和教学管理，具有初中教师资格证书及社会健身指导员证书。主修课程：体育教育与训练、篮球、游泳、田径。从事体育教学工作积累了一定的工作经验，并熟悉篮球、游泳裁判及学生体质健康上报工作。坚持快乐体育、终身体育与创意体育的理念，激发学生运动兴趣，尊重学生主体地位，关注学生个性发展，重视体育教育价值，突出生本教育精神。

座右铭：坚持快乐体育　发展终身体育

小学六年级体育课案例分析

黄远东

当今体育教学改革的主流是在课堂教学中以生为本，充分发挥学生的主体作用，全面依靠学生，高度相信学生，这已成为广大教师的共识。在学习方法的引导上，由教师教给学生学习的方法转变到"引导学生探索学习方法"，调动学生学习的积极性。本案例，教师为学生创设了一个良好的学习氛围，使学生在课堂上大胆学练、尝试、畅所欲言，教师采取行之有效的方法，让学生都参与到课堂中，让学生在学习过程中体验和享受快乐，达到热爱学习的目的！

在一节50米快速跑的教学课中，学生们正摩拳擦掌、斗志激昂地准备比赛。学生们上了跑道，我组织好队伍以后，比赛开始了。"加油！加油！"助威声此起彼伏，学生们个个争先恐后，技术动作也比以前好多了，一轮比赛结束，有的为取得胜利手舞足蹈，有的为失败而沮丧不已，我抓住时机，让学生思考：怎样才能跑得更快。学生开始讨论，有的认为摆臂姿势很重要，有的认为步子要迈大一点，有的认为……气氛非常热烈，教学效果非常好。

"同学们，老师还想让大家思考一个问题，到底哪一种跑法最快？"比赛结束后，我又给学生提出了一个问题。

学生们三三两两地聚在一起开始讨论。片刻之后，同学们自发地组织比赛，大多数的比赛方法是采取两个直跑、两个横跑。结论可想而知，大家觉得直跑是跑得最快的动作。我微笑着说道："同学们，今天我们学习了快速跑的动作，也知道了跑得最快的动作。但是，我们还应感谢林翔，他让我们有机会学习横着跑的动作，这也是一种跑的方法，在篮球和排球比赛中需要用到。如果没有他的创新跑法，我们还学不到这种跑的方法。所以，老师希望同学们以后在学习上敢于创新，敢于发表自己的想法。"

此时，林翔脸上流露出的是洋洋自得的神情，学生们也投去羡慕的目光。

点评与分析：

作为一名称职的体育教师，应该善于观察学生的学习情况，正确、恰当地应对课堂上由创新或奇思妙想而出现的稀奇古怪的情况，这是一种技能或是一门特殊的艺术。它需要教师有耐心和爱心，多加鼓励，并给予必要的启发及指导。这样既不伤害学生的自尊心，又恰如其分地把各种技能传授给每一位学生，这就是我们所践行的高度尊重学生和相信学生的生本教育理念！

个人简介

　　黄远东，广州市天河区骏景小学高级体育教师。1997年毕业于广州体育学院，从2005年起在骏景小学任教至今。在教学中不断完善以生为本的教学理念和探究实施生本课堂，提出了快乐体育和阳光体育的终身体育理念！

跳绳教学实践活动案例

张 蕴

一、设计思路

本课以"健康第一"为指导思想,结合我校生本教育特色,本着"以教师为主导、以学生为主体、以快乐为主题",依据中年级学生的心理特点,结合本课教材内容,围绕五个学习领域,紧扣三个目标创设意境,给学生创造一个生动、活泼的学习氛围。通过教师的启发、引导,让每位学生以饱满的热情,积极的姿态,投入到学练中,使学生在玩中学、学中玩,享受到在运动中做主人的快乐。从而促进学生创造性的学习,激发学生的运动兴趣。培养学生在学练中养成积极思考、勇于创新、主动参与的习惯,增强自信心,增进团体合作意识。

二、教学设计方案

1. 指导思想

本课以"健康第一"为指导思想,以培养学生的创新意识和探究实践能力为核心,通过跳绳进行各种活动,培养学生参与竞争意识与创新能力,激发学生主动参与体育运动学习的兴趣,使学生在轻松愉快的气氛中进行锻炼,为终身体育打下基础。

2. 教材分析

跳绳运动作为我国民俗健身运动项目之一,随着社会的发展,时代的进步,频繁地出现于各健身馆,在中央台的少儿节目中也时有出现。旧版的小学体育"国家五项达标"和新版的《国家体质健康测试标准》中都设有跳绳项目,可见跳绳教学在整个小学体育课中的地位越来越高,影响也越来越大。选择跳绳教学,可以发扬我校的特色优势,使跳绳运动成为我校学生体育锻炼的日常项目。

3. 分析学生

本节课的授课对象是小学三年级学生。他们天真活泼、模仿力强、喜欢表现，但好动，不能很好地控制自己的行为，一部分还存在任性、娇气等不良的心理倾向。为此，针对他们喜欢游戏、喜欢展示的共性特点和个性差异，我选择以跳绳游戏为活动主形式，快乐跳绳，营造浓厚个人竞争和团体竞争氛围。

三、教学目标

1. 运动参与目标：培养学生积极参与体育运动的态度和行为，自觉参与学习。

2. 运动技能目标：使90%以上的学生能掌握2种以上跳绳的方法，并能够一物多用，利用跳绳创造出更多的新玩法。

3. 运动认知目标：掌握一些跳绳练习的方法，了解跳绳运动的相关知识。

4. 运动情感目标：在学习中充分展现自我。增强自信心和意志品质，得到成功的喜悦。培养良好的团结协作精神。积极进取，乐观开朗。

四、教学重点难点

重点：双手正摇并脚跳，通过各种跳绳游戏的体验活动掌握一定的技能。

难点：上下肢协调配合，在练习中，能够掌握跳绳活动方法，做到自主学练和合作锻炼。

五、教法学法预设

为了达成以上目标，突破重点、难点，我初步预设本课教法和学法是：

1. 教法：情境教学法、设疑法、演示法、练习法等。

2. 学法：观察法、尝试法、游戏法、合作法、竞赛法、展示法等。

六、教学策略与手段

针对三年级学生好动的特点和跳绳学习的常见错误，本节课采取以小组合作交流分享学习的形式和课前游戏来激发他们学习的兴趣。为学生创设轻松愉悦学习的课堂气氛，多留给学生一定的活动天地，让学生在学中玩、玩中学，使他们乐学、自学、勤学。通过观察跳得较好的同学，让其他学生得到启示，促使他们与同伴合作、互相帮助，有效地激发团队精神、合作精神，使各层次学生都得到提高。让学生在参与活动中得到成功感，给学生一种学会了的愉快、成功了的喜悦、获胜的开心和自豪的学习氛围，激发学生学习兴趣，调动学生主动参与的积极性，培养学生良好的行为习惯。

七、活动后的反思

把学习活动的主动权交给学生，给了每个学生充分的选择机会和发展空间，让他们按照自己的爱好和兴趣来确定自己的学习内容和学习方式。针对学生身体差异较大、活泼好动的特点，为培养学生的主人翁意识和激发他们的学习兴趣，在教学中让学生自主选择学习内容和学习方式，从自己的基础练起，按基础的不同分组，设置不同的要求：第一组练习行进间跳绳，也就是边跑边跳；第二组练习原地换脚跳或编花跳或两人一组一带一跳；第三组练习前摇双脚跳或前摇单脚跳；第四组由我亲自带领练习原地的摇绳、起跳、停绳。分小组的群体活动，是教学中采用最多的一种形式。学生在小组群体中，人与人之间要进行各种交流，还要互相配合进行各种活动，这实际上是社会中人与人之间交往活动的缩影。两人一组一带一跳、三个人一组跳大绳练习就是让学生在练习中体验到互相配合的重要性，使每个学生体验到单靠个人的力量是不够的，让学生充分感受自主与合作的乐趣，让学生亲自体验活动的感受，因为成功与失败都是收获，酸甜苦辣都有营养。

进行积极的评价，教师在课堂中对学生的主体言行充满激情的真诚赞扬，例如"你真行！""跳得真好！""真不错！"让学生在教师的评价中充分感受到一份成功的自豪感和愉悦的情感。在教师引导下有目的的分组练习给学生搭建了展示才能的舞台，培养了学生的主动参与意识、自我管理能力和合作精神，使他们能充分享受到学习活动的乐趣。充分体现了平等、信任、双向情感互动的新型的师生关系，创设了开放、民主的课堂氛围，尊重学生、理解学生和信任学生，从而使学生成为教学过程中的劳动者、求索者和设计者。能使师生共享教学乐趣的方法，何乐而不为呢？

跳绳教案

教学设计方案	
课程	跳绳
课程标准	跳绳运动作为我国民俗健身运动项目之一，随着社会的发展，时代的进步，频繁地出现于各健身馆，在中央台的少儿节目中也时有出现。旧版的小学体育"国家五项达标"和新版的《国家体质健康测试标准》中都设有跳绳项目，可见跳绳教学在整个小学体育课中的地位越来越高，影响也越来越大。选择跳绳教学，可以发扬我校的特色优势，使跳绳运动成为我校学生体育锻炼的日常项目。
教学内容分析	人教版《体育与健康》　水平二
教学目标	1. 技能目标：通过学习，使学生掌握正确的并脚跳绳技术，发展学生的平衡素质、灵敏素质和协调能力。 2. 情感目标：培养学生团结协作、积极向上的精神，充分展现学生的反应能力。
学习目标	学会并脚跳小绳以及创编动作
学情分析	跳绳是三年级体育教学的重点内容，教学重点是用不同的方法进行跳绳，教学中应着重解决如何正确地引导学生进行动作的创编。学生是学习的主体，要让学生能积极主动地学习，选择方法是很重要的。根据学生年龄的特点，小学生十分乐意和小动物交朋友，为了能使本课的情境更符合学生的心理，将主要教学内容以"森林运动会"的方式贯穿，安排"抓尾巴"的游戏来进行热身练习，让学生充分地参与到各项练习中，不仅完成了教学目标，而且还激发了学生的学习兴趣。在教学中采用多种情境教学变换进行，引导学生以积极的态度去开动脑筋，积极参与。

续表

重点、难点	重点：双手正摇并跳 难点：上下肢的协调	
教与学的媒体选择	40条跳绳	
课程实施类型		偏教师课堂讲授类
	√	偏自主、合作、探究学习类
	备注	

教学活动步骤

序号	内容
1	动作要领： 1. 身体姿态：收腹、立腰、挺胸、抬头、提气，手自然下垂，肘关节贴近身体，手腕柔和地摇绳。 2. 持绳要求：摇绳的正确位置在身体前方15cm，拇指抓柄，其他三指辅助。
2	跳绳时要用前脚掌起跳和落地，切记不要用全脚掌或脚跟落地，呼吸要自然有节奏。
3	学生成四列横队，所有同学蹲下，认真看教学图，听同学概述动作要领并观看同学示范完整技术动作。一二小组练习持绳练习，三四组听从小组长指挥，进行摇绳和徒手并步跳练习，听到哨声后，迅速进行轮换。
4	结束部分： 1. 放松身心，调整身体状态。 2. 宣布集合。 3. 对本次课进行总结，并提出希望与要求。 4. 宣布下课。

教学活动详情	
教学活动1	
活动目标	使学生掌握正确的摇绳方法。
解决问题	双手摇绳的正确方式。
活动概述	1. 学生成四列横队,所有同学坐下,认真听同学概述示范动作要领并看同学示范完整技术动作。 2. 一二小组听从小组长指挥,练习跳绳,三四组听从小组长指挥,进行摇绳和徒手练习,听到哨声后,迅速进行轮换。
教与学的策略	在练习中发现学生存在的问题并予以纠正。
反馈评价	学生参与度较高,效果很好!
教学活动2	
活动目标	放松操。
解决问题	放松身心,调整身体状态。
活动概述	学生分享跳绳各技术要点并示范,然后学生分组练习。
教与学的策略	通过放松操让学生身心得到放松。
反馈评价	学生参与度较高,效果很好!
评价量规	
其他	
参考书	人教版《体育学科教师用书》
备注	

个人简介

张蕴,广州市天河区骏景小学体育教师。2013年毕业于肇庆学院。2016年起在骏景小学任教至今。课堂上本着以学生为主体,让学生快乐阳光的生本理念进行教学。

座右铭:学生快乐就是我最大的快乐,学生的收获就是我最大的收获!

体育教学案例
——水平一《一年级立定跳远》

钟燕辉

一、前言

在生本理念下的体育课堂，让老师们感觉到了轻松，孩子们感觉到了快乐。全面依靠学生，高度相信学生，学生会的老师不教，学生不会的老师想方设法创造条件让学生自己学。通过孩子们的先学，教师的语言引导，场地器材的设置，营造轻松、活泼的教学环境与氛围，发挥学生的想象力。运用小组合作、探究学习、小组展示、个人展示等多种教学方法，培养学生自主学习、自我评价的能力。让学生在积极的练习过程中展示学习的运动技能，在活动中培养与他人合作的能力，在创新中体味快乐，在活动中享受成功！

二、案例介绍

1. 学习内容

（1）立定跳远。

（2）游戏（迎面接力）。

2. 学习目标

（1）通过学习立定跳远，让学生掌握立定跳远的基本动作，发展腿部力量。

（2）训练学生双脚蹬地起跳的能力，提高跳跃和协调的能力。

（3）激发学生自主探索学习的兴趣和习惯。

（4）培养学生敢于展示自我，学会与他人合作的良好社会适应能力，提高自信心。

3. 教学流程

整队——准备运动——热身运动——游戏——立定跳远学习——小组分享交流学习——迎面接力游戏——放松——小结

三、教学设计

让每个学生通过先学，自己体验感受立定跳远，总结出属于大家的立定跳远动作技术，通过小组自己设计的练习方法和游戏，在课堂中体验成功和快乐，通过展示和评价激发学习兴趣，每个孩子都积极地参与，都在快乐的学习中！

四、案例分析

老师开始上课的时候就把问题交给了学生：让学生先感受一下自己的立定跳远，通过学生的讲述发言，学生的大胆评价，学生的展示和专业的建议，最后得出了属于孩子自己的立定跳远要领。在这个过程中我们的孩子太厉害了，不但把立定跳远的技术要领很全面地说出来，还把立定跳远的场地、比赛规则等都很全面地说出来，而且给展示的孩子提出了很多建议，基本达到了专家的水平。我们老师在这个过程只是把孩子说的内容总结了一下，表扬了我们的孩子，感觉很轻松，比以前自己要做示范，要管纪律，还要逼学生一组一组来教等轻松很多了。最有特色的是我们学生的练习方法和游戏：练习的时候，每个小组都有自己的方法和游戏，每个孩子都很投入，玩得很开心，什么抱脚跳啊，什么立定三级跳，什么单脚跳啊等，这些练习方法都出来了，几乎每个孩子都在动，而且通过小组的展示和孩子的评价，达到互相学习的效果。整节课下来也不用担心孩子偷懒，不用担心孩子不动，孩子都在欢笑中运动着，我们看到的效果是每个孩子都会立定跳远了，而且很开心。我们的老师是很轻松的，达到的教学效果是超乎想象的。

五、点评和分析

生本教育下的课堂是开心的，老师是轻松的，孩子是快乐的，我们把更多的教转化为更多的学，让更多的学转化成更多的参与，让孩子们在参与中体验享受快乐，只要孩子参与了，那我们的课堂肯定是成功的！

一年级立定跳远教学设计

学习目标

1. 通过学习立定跳远，让学生掌握立定跳远的基本动作，发展腿部力量。
2. 训练学生双脚蹬地起跳的能力，提高跳跃和协调的能力。
3. 激发学生自主探索学习的兴趣和习惯。

4. 培养学生敢于展示自我，学会与他人合作的良好社会适应能力，提高自信心。

学习内容

1. 立定跳远
2. 游戏（迎面接力）

教学流程

整队——准备运动——热身运动——游戏——立定跳远学习——小组分享交流学习——迎面接力游戏——放松——小结

1. **整队**：学生快速整齐集合，成四列纵队。

达成效果：（1）激发学生学习的热情。（2）培养良好的组织纪律性。（1分钟）

2. **体育班长领队做准备运动：**

学生活动：学生整齐做准备运动，口令统一，热情高涨。

教师活动：教师巡查表扬，激励学生。

达成效果：（1）培养做准备活动的习惯和组织纪律性。（2）激发学生学习的兴趣，充分做好准备运动。（3分钟）

3. **热身运动：**

学生活动：按照老师要求认真整齐做一些辅助练习，每个小组进行评比，动作到位。

教师活动：按照上课要求设计辅助练习，及时对每个小组进行评比和激励，提高学习热情。辅助练习：（1）小步跑。（2）原地纵跳。（3）弓步交换腿。（4）摆臂练习。

达成效果：（1）达到热身的效果。（2）为教学内容做铺垫。（3）积累学生的基本身体素质。（4）培养学生积极向上和敢于表现的能力。（3分钟）

4. **游戏：（①造型游戏；②石头剪刀布）**

学生活动：（1）听老师的口令创造自己独特的造型，和同学一起合作创造独特的造型，每个人都在积极地表现自我。（2）两个人一组用脚进行石头剪刀布游戏，自己定规则，沉浸在欢笑中。

教师活动：（1）通过哨声引导学生进行造型，并及时做出评价，激励学生更好地创造。（2）组织学生进行石头剪刀布并和学生一起游戏，师生同乐，并对每个小组的进行评价。

达成效果：（1）更进一步达到热身的效果。（2）提高自信心，敢于展示自

我。(3) 培养协作意识，提高学习兴趣，激励学生的合作热情。通过评价获得更大进步。(3分钟)

5. 立定跳远学习：

学生活动：(1) 通过前置的学习在课堂上感受立定跳远，通过感受总结立定跳远。(2) 在课堂上大胆提出自己的观点和展示自己的总结。(3) 对同学的展示进行评价和提出观点。(4) 根据交流得出立定跳远的动作技术要领和学习方法。(5) 进行几组简单练习。

教师活动：(1) 引导学生进行感受练习。(2) 让学生展示自己的感受和观点。(3) 引导学生对学生总结进行评价。(4) 从动作的各个技术细则引导学生进行总结，最后得出完整的技术要领。(5) 组织学生进行立定跳远的练习。(6) 及时表扬勇于展示的学生，激励他们大胆地进行总结和评价。

达成效果：(1) 学生通过自己的努力和大家的交流得出了自己难忘的技术要领和动作要求。(2) 达到了先学后教的效果。(3) 培养了学生先学的习惯。(4) 提高了学生的自信心，勇于展示自我。(8分钟)

6. 小组分享交流学习：

学生活动：(1) 学生分成8个小组，每个小组在组长的带领下进行自己的练习方法和练习游戏，大胆地展示自己的小组。(2) 每个小组都在不断地摸索和创新属于自己的方法和游戏。(3) 在全班同学中展示自己的小组，讲述方法和游戏，接受同学的建议和评价。(4) 学生评价展示小组并提出自己的观点。(5) 小组自主交换学习。

教师活动：(1) 巡查指导小组进行创作，强调安全。(2) 激励和肯定学生，提高练习热情。(3) 组织小组进行展示，通过展示引导学生进行评价和总结，更加巩固学习。(4) 通过表扬促进相互学习，达到学习要求。

达成效果：(1) 通过小组创作和展示更加巩固学习。(2) 培养了小组合作能力。(3) 培养了学生勇于探究和创新的能力。(4) 培养了尊重学生和赏识学生的习惯。(5) 学生更加自信了。(15分钟)

7. 迎面接力游戏：

学生活动：(1) 学生分成四组进行迎面接力。(2) 遵守游戏规则，在公平公正的前提下进行。(3) 激情高涨，努力拼搏，呐喊助威，争取胜利。

教师活动：(1) 讲解游戏规则，强调安全。(2) 做好裁判，激励学生赢得胜利。(3) 宣布结果。

达成效果：(1) 通过比赛加强合作意识。(2) 锻炼学生的全面素质。(3) 体验胜利的喜悦，激励学习热情。(5分钟)

8. 放松：
学生活动：在老师的带领下进行全身放松，感受快乐，感受幸福！
教师活动：带领学生进行全身放松，师生同乐！
达成效果：达到全身放松的感觉，消除疲劳，热爱体育。（1分钟）

9. 总结：
学生活动：总结和感受本节课。
教师活动：教师总结整节课的内容，表扬和激励学生。（1分钟）

个人简介

钟燕辉，广州市天河区骏景小学体育高级教师，天河区优秀教师。2003年毕业于广州体育学院，在骏景小学任教至今。不断完善和探究生本课堂，提出了快乐体育和享受体育的生本理念，在体育活动中本着发展人人，人人发展的思想发展学生！

座右铭：尊重学生，相信学生，依靠学生。

第八部分
信息技术科组

《网络安全你我他》主题实践活动

黄锦鹏

一、课题背景、意义及介绍

1. 背景说明

现如今,网络已经成为我们获取知识的一个重要渠道,已经成为我们生活的一部分。然而近几年来,钓鱼网站、网络欺诈、恶意插件、网络病毒和木马程序等网络安全问题却越来越严重。网络安全已经是一个不容忽视、关系到我们切身利益的问题。五年级的小学生,刚刚开始接触网络,兴奋有余,意识欠佳。有必要在他们一开始接触网络的时候,对网络安全建立深刻的认识,培养文明上网的习惯。

2. 课题意义

本次课题的研究主要是想让学生从小树立网络安全意识。学生通过自己动手,自己搜集网络安全方面的知识,知道现在的网络安全问题有哪些,深刻认识到网络安全问题的危害,以及我们要采取怎样的措施进行防范,等等,让学生从小养成文明上网的信息素养。

3. 课题介绍

本课题是广州市信息技术教育课程小学第二册第二章的内容。课题主要采取学生小组合作研究的方式。通过小组选题,小组搜集资料,小组交流和全班展示等,让学生在课题的研究过程中,切身体会到网络安全的重要性,并懂得如何对网络安全问题进行防范,从而更好地使用网络这个获取知识的工具。

二、研究性学习的教学目的和方法

1. 教学目的

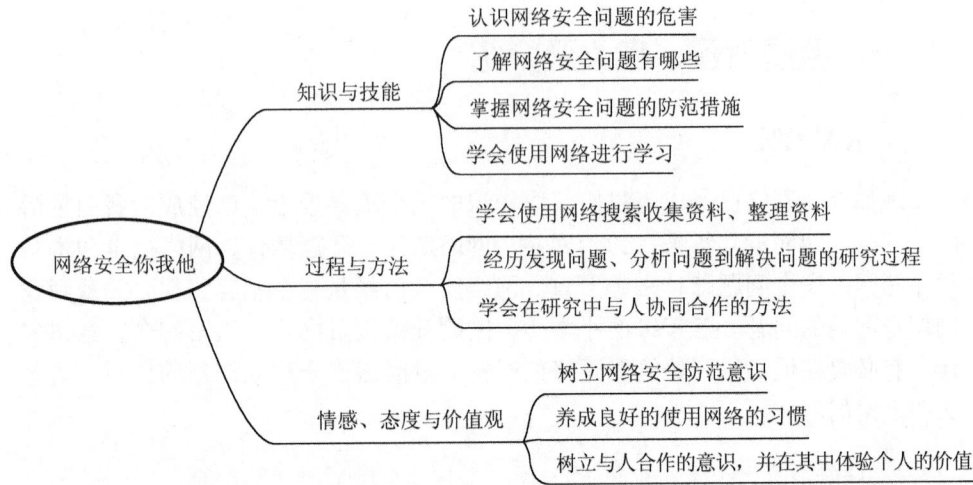

2. 教学方法

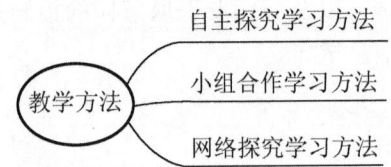

三、参与者特征分析

五年级的学生信息技术的操作能力很强，平时有上网的习惯，对使用网络搜索资料进行学习有一定的经验，但在网络的安全防范知识方面比较薄弱。将要进行课题研究的这个班级，平时有小组合作学习的经历，对于小组分工合作的学习方式比较了解。但因为缺乏网络安全方面的知识，会在研究的选题环节遇到困难。同时，在研究的过程中，小学生普遍会出现"三分钟热度"的问题，也会出现研究过程中目标迷失的问题。教师在整个研究过程中要起到组织与鼓励的作用，保证课题研究的顺利进行。

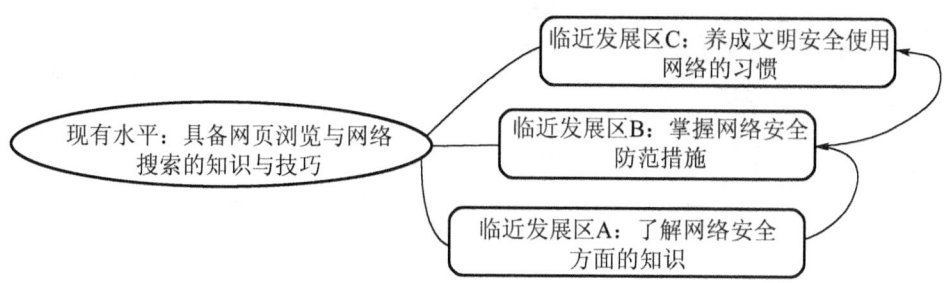

四、研究的目标与内容

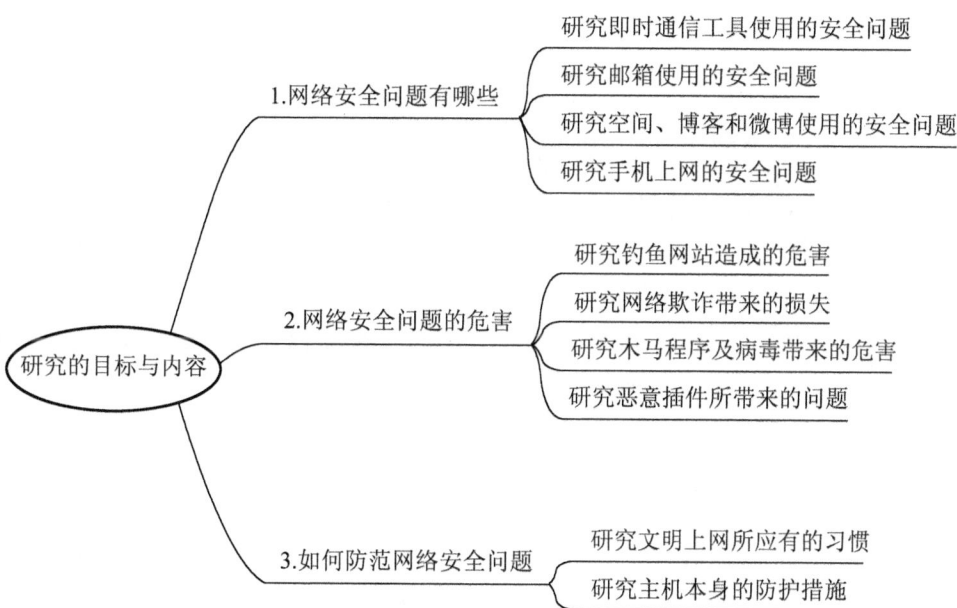

五、研究的预期成果及其表现形式

对于知识性的内容，让学生把收集到的文字、图片、动画等资源做成多媒体幻灯片进行呈现；对于操作性的内容，让学生以操作演示的方式进行呈现。

六、资源准备

1. 网络安全问题示例：①瑞星安全资讯网 http：//it.rising.com.cn/
②金山毒霸安装信息：http：//www.ijinshan.com/info/
2. 能上网的多媒体课室

3. 能保存学生资源的 FTP 服务器
4. 常用的搜索引擎
5. 几大杀毒软件网站

七、研究性学习的阶段设计

研究性学习的阶段		学生活动	教师活动	起止时间
第一阶段：动员和培训		1. 自主浏览两大杀毒软件网站的相关信息 2. 学生讨论交流网络安全有哪些	1. 展示瑞星与金山网站呈现的网络安全问题的信息 2. 提出"网络安全"的课题 3. 描述课题研究的大致过程	1课时
第二阶段：课题准备阶段	提出和选择课题	1. 共同讨论、罗列可以研究的课题 2. 学生对最感兴趣的课题进行选择	1. 组织学生讨论 2. 和学生一起筛选课题，确定研究方向和范围	2课时
	成立课题组	1. 学生根据所选的课题进行自由分组 2. 选出小组长 3. 确定小组成员的分工	1. 控制小组人数为4～6人，人数多的再分小组 2. 给每个小组在 FTP 服务器建立账号，方便对资源进行管理 3. 召开小组长会议，明确小组长的职责	
	形成小组实施方案	1. 对研究的课题进行细化 2. 小组成员根据细化的小课题进行分工 3. 制定小组课题研究的进度表	1. 制定小组合作的规则 2. 明确研究成果呈现的要求	

续表

研究性学习的阶段	学生活动	教师活动	起止时间
第三阶段：课题实施阶段	1. 学生采用自主探究的方式对课题进行大概的了解 2. 利用互联网对派生出来的小课题进行深入的研究 3. 小组内共享研究成果，并对研究的问题进行交流讨论 4. 对小组从网络搜索到的资源进行整理 5. 利用整理的资源形成多媒体幻灯片，呈现研究成果 6. 小组在全班展示研究成果，并对各自的作品自评和互评	1. 掌握好各小组的研究进度，对落后的小组提供适当的帮助 2. 及时解决小组遇到的技术问题，保证研究顺利进行 3. 对学生的研究态度、研究积极性等进行过程性评价，及时反馈，保持学生的研究热情 4. 对形成研究成果提供指导 5. 组织学生对研究成果进行交流	10课时

八、总结与反思

学生在选题环节遇到很大的问题，要么是研究范围太大，要么就是研究难度太高。教师要在这个环节上充分地对学生进行指导，筛选出确实可行又有价值的主题。在整个课题的研究过程中，其实不只是学生会迷失方向，教师有时候也会迷失方向，所以在开始阶段，教师也要制定好自己的指导进度表。在研究成果的呈现阶段，为了节省时间，可以考虑把所有小组的研究都放到共享区，由小组间进行互评，评出优秀研究成果后再进行全班的交流。

个人简介

黄锦鹏，小学信息技术高级教师，就职于广州市天河区骏景小学，热爱本职工作。长期从事信息技术教学工作，潜心研究 Linux 运行维护与 Java 编程，在 Android 开发方面颇有心得。